心理師帶你以非語言方式，
爲封閉的心靈打開些許空間，
擺脫失落，獲得療癒

不想談
也沒關係

蘇鈺茹・蔡詩詩・陳祺杰 著

推薦序

讓情緒流動，人生就能繼續向前

——諮商心理師、REBT理情行為心理治療國際治療師與督導訓練師　武自珍

這個世代流行的，不只是Covid-19，還有孤單。科技時代，資訊熱鬧喧譁，但是就像一首歌〈The Sound of Silence〉所描述的：「我看到更多人們，聊天但不談心，用耳朵卻非用心聽，人們為賦新辭強說愁，但沒有人敢面對沉默之聲。」

一九六四年美國爵士歌手路易士．阿姆斯壯曾經唱紅的一首歌〈Nobody Knows The Trouble I've Seen〉。我們沒機會說出來的話，一個被誤解的心意，沒有

回應的失落。唉！No body listens! 沒辦法說出的話，使我們的情緒沒有出路。

尤其我們華人的文化，情緒就在「分寸」、「得體」、「該不該講」的考量下，一天天地累積，等到漲到一個體積後，就成了心情、人生的看法及面對生活的態度。放棄，消極，沒勁，甚至憂鬱。

根據理性情緒行為治療理論（我是這個學派的國際治療師與督導師），人的情緒產生往往與當事人對經歷的詮釋有關，有時人生中某個階段發生了不如期待的事情，產生大量的情緒，我們自己就卡在那個點上。情緒無法抒發的時候，當時的想法認定也就固定了，人生停在那裡，框住了，走不動了。

《不想談也沒關係》作者蔡詩詩、蘇鈺茹、陳祺杰三位藝術心理諮商師，用不同的型態、方式、活動，引導讀者可以用非語言的方式，經歷體會真實的情感，表達自己的情緒。哇！情緒出來了。無聲地唱出〈The Sound of Silence〉。多大的釋放！

當我們鎖住的情緒流動了，想法也就出現了。如果能夠再趁機會想想過往的經歷，發現想法中自己好的動機，美好的希望只是落空了，只是對方做不到，只是自己做得不完美，人生有遺憾，不完美不是不美。看清楚了，就可以放手過去，好好過今天的生活了！終會是一本使你的愛流動，使我們重新對生命有希望的書籍，我大力推薦！

（本文作者著有：《別當除草機父母：用REBT理情行為治療的ABCDE走出焦慮，教出未來世界最能生存的孩子》）

推薦序

用溫柔的方式陪伴自己前進

——High媽。心理師　黃乙白

語言，是很有力量的治癒工具。

但語言，也有它的限制。

有時候，受傷的靈魂會被困在失落的背後，沒有辦法表達，因為你也理不清楚，被困在裡面的是什麼。我記得有個青少女個案，曾經在我們透過繪畫的方式工作的時候，畫了一幅圖，女孩坐在四周都是懸崖峭壁的迷你島上，頭埋在雙臂裡哭泣。她說她在學校裡總是這種感覺，活在一座孤島上。

有時候，失落的強烈情緒需要宣洩出來，但你不知道對誰說是安全的、哪個時候說是安全的，於是訊號只能藏在眼神、表情、動作裡。我曾遇過一個女性案主，來談家暴帶給她的創傷，可是每次她只要講到傷心處，就很安靜，手用力地握著，指節泛白，想哭卻不敢哭，深怕自己一哭就會失控。我後來觀察到，這種時候，她會一直流鼻水，壓抑的、強烈的悲傷沒有透過淚水掉下來，流到了身體的其他地方。

在這樣的時候，藝術創作、音樂、攝影、肢體的舞動，以及各種不只是依靠語言的途徑，提供我們透過其他感官，與內在連結。同樣的，留意自己的表情和聲調、非語言行為等等的線索，也會幫助我們聚焦到本來忽略的地方，你得以讀懂更多的自己，啟動一些新的變化。

這本書中，一個又一個的案例，就在提供你途徑，與自己連結和覺察。

而這些連結與覺察，為什麼對於走在失落之中的人那麼重要？

原因是，失落所引發的感受，特別複雜。

你對於被剝奪的事實，有時候會悲憤不已，可是對於還需要繼續下去的日子，也有時候需要讓自己行屍走肉，才有辦法在失落後站好，過完每一天。但不管在表層的悲憤或者麻木是什麼，在內心的深處，可能是需要被允許的哀悼、很深很深的傷心、很強烈很強烈的自責或者後悔、害怕會再失落一次的恐懼……，都有可能，它們其實是需要被接納的，被理解的，被陪伴的。

所以，這些連結和覺察，幫我們有機會可以穿越表面的混沌跟偽裝，走向深處。就像冰山一樣，蓋在上面的冰層被陽光融化以後，冰山底層更深的部分，不需要費力氣的找尋，就自然地浮出水面了。

我也特別喜歡書裡的每一篇，都有提供一些溫柔的方法，幫助我們陪伴自己。

人生並不都是圓滿跟幸福，真實的生命不是這樣的，痛苦跟遺憾，帶著走也沒有關係，我們還是可以繼續做著該做的事情，這是我們很了不起的韌力。如果讀著這篇文的你，也正在面對失落的各種破碎或者拉扯，我很想跟你說，所有的破碎，都會有某種完整，等在那裡。

以我們現在還想不到的形式。

在我們現在還無法預期的時間點。

有一個我們現在還不能明白的意義。

我們能做的是真實，現在帶著痛苦跟遺憾，繼續行動也沒有關係的，讓自己，該吃吃、該睡睡、該起床起床、該上班上班、該躺平躺平。用溫柔的方式陪伴自己前進，這樣就好，日子會把我們往前帶，有一天，那個完整會在我們一片一片拿到的生命拼圖裡，顯露出一個我們現在想不到的答案。

有語言、沒有語言，都很好。

（本文作者著有：《母親像月亮一樣，所以老娘有陰晴圓缺怎麼了嗎？》、《不溫婉又怎樣？崩潰媽媽一樣愛出暖兒子：0-8歲男孩的情緒引導練習》）

作者序

陪你一同走過失落

情緒是很抽象的概念，抓不到也摸不著，卻實際影響著我們的生活。面對令人難受的情緒，我們常以為不要談或別去想，或是一覺醒來自然就會好了，但其實「未被表達的情緒永遠都不會消失。它們只是被活埋了，有朝一日會以更激烈的方式爆發出來」。[1]

人生於世難免遭遇令人失落的時刻，而失落所帶來的生命變化也是人生常見的不變。面對這些變化，你我或許都曾有過不知如何向他人言說內心苦楚，感覺被困住的經驗。然而，就如同在雨天時，我們能為自己撐把傘一般，在這些無法談或不想談的時刻，我們是否還有其他可以用來照顧自己或他人的方式呢？

這本書，是我們這幾年來從專業工作中，與許多個案[2]一同探索面對失落經驗的成果，同時也融入了我們在現實生活中實際應用的自我照顧方法。希望透過我們的分享，能夠讓讀者們從中感受到力量和陪伴。

生活著實不易，但我們希望能透過書中的故事和方法，幫助讀者們感受到些許正向積極的力量。請記住，好好生活，善待自己，細心品味生活中微妙的點滴。當你面對各種人生困境，暫時不知如何或不想表達時，可以試著運用書中提到的各種建議。這些方法並非絕對，也可能不會一次就奏效，但歡迎你懷著好奇的心，探索並整理出適合自己的方法。

或許，有一天，當你突然又想起人生中那個難過的坎時，會有一種「啊～原來我已經跨過那個坎了」的感觸。那不一定代表讓你失落的事件變小了，但肯定代表，你的心理空間和情緒彈性又變大了一些，並且獲得了新的人生觀點。

歡迎你與我們一同踏上這趟療癒的旅程。

目次

Chapter 2

Chapter 3

Chapter 4

Chapter 7

想維持好我的家庭為什麼這麼難？——「重新排序生活角色、剛剛好就好」

Chapter 8

我是不是做錯了什麼？——「藉由自由書寫整理無法歸因的情緒」

Chapter 9

能做的都做了，我還能怎麼辦？——「在創作中經驗、表達和實驗」

前言

「說」之外的選擇

「他都不講，別人也不會知道他在想什麼呀？」

「問了也不回應，不然就是說沒有、不知道，真不知道要怎麼幫忙。」

「主動關心他，他也愛理不理、已讀不回，我還能怎麼辦？」

以上這些話都是實務心理工作中，心理師經常聽到想要陪伴經歷重大事件個案的家人、朋友、老師、同事或主管提到的困難點。但是，真的不講就幫不上忙了嗎？抑或是，已經「講」了卻沒被「聽懂」呢？

語言是人際溝通的媒介之一。事實上，在一個人發展出語言之前，已經在用許多其他的方式與外界溝通，例如：聲音、表情、姿勢、動作……。像是看到一個人用併攏微彎的手指，在張開的嘴巴前做出前後移動的手勢時，大部分的人都可以猜到這個動作想表達與吃飯相關的訊息。

由此可見，非語言訊息一直存在我們的生活中。我們時常自然地使用非語言訊息，卻很少給予非語言訊息足夠的關注和重視。本書想藉由各種案例故事，喚起大家對非語言訊息的重視，瞭解它所能發揮的陪伴力量。我們期待提供讀者更多語言之外的管道，去貼近自己和他人的內心。

在這本書裡，我們共編寫了十一種人生中常見的失落經驗。藉由故事描寫，我們試圖讓讀者對於人們在面對生活中的失落可能會有的反應（特別是非語言訊息），以及影響人們談的意願的因素，都能有更清楚且完整的瞭解。故事之外，我們也針對常見的心理狀態做淺顯易懂的說明，幫助大家瞭解故事主角們所面臨的困境。

我們相信，當大家對於人的生理、心理及社會因素間的運作有更多元、清楚的瞭解時，結合每個人的力量，就能夠用同理心為社會織起一張安全網，讓每個生命有機會脫離現實生活中的困境。當然，我們也會在書中分享許多自助助人的行動原則和方法。希望藉由我們在運用遊戲、視覺藝術及肢體活動的經驗，提供大家在語言之外，更多非語言的自我照顧或陪伴他人的方法。

失落和失落反應

從字面上來看，失落是落空、遺失的意思。失落常用來描述心中期待沒有實現，或是失去原本擁有的人或物兩種情況，從最常見的，遺失重要的物品，努力得不到回報，到重要他人辭世，失去對身體或外界的掌控感等等。

失落在每個人身上引發的反應雖略有不同，但大致都會落在一個範圍內。心理學家Worden將人面對失落時常會產生的身心反應，分成以下四個面向[1]：

(1) **情緒感受**：如悲傷、憤怒、埋怨、罪惡感和自責、焦慮、寂寞、疲憊、無助感、震驚、思念、解放感、解脫、麻木。

(2) **身體感受**：如胃部空虛／吃不飽、胸悶、喉嚨緊、對聲音敏感、對周遭和自己失去真實感、呼吸短促或無法呼吸、肌肉無力、缺乏精力、口乾。

(3) **認知**：如難以置信、困惑、心不在焉、感覺逝者仍存在、幻覺。

(4) **行為**：如睡眠困擾、飲食困擾、歎氣、忙東忙西、哭泣、心不在焉或恍惚、社交退縮、用忙碌逃避面對、尋找或呼喚逝者、夢到逝者、迴避與逝者相關的人事物或地點、重複儀式性的行為，或隨身攜帶會想到逝者的物品、珍藏逝者的遺物不想移除。

人的一生中必然經歷過幾次的失落事件，可能是付出的努力沒能獲得相應的回報、投注的情感沒有及時的回應、想延續的關係戛然而止、無法再保有想守護的人事物、重視的需求遭到忽視、想逃避的卻被一再喚起……以上種種情況交織出每個人獨特的人生風景。

本書涵蓋幾種常見的失落經驗，包括喪親、流產、重大疾病等等，也囊括了幾個心理意義上的失落經驗，例如不完美的可能性、被侵犯的身體自主權、捨棄夢想、自我價值的低落。

在這些故事中，讀者可以發現上述案例當事人的身心反應極為常見，因為失落經驗是如此頻繁且普遍地發生在我們的日常生活之中。因此，我們期待讀者能以同理且包容的心態，去面對自己和他人的各種情緒、身體感受、認知和行為反應，因為這些感受每個人都或多或少經驗過，並非哪一個人獨有。當我們能夠面對和接納這些共通的感受，這些感受會成為人和人之間互相理解的基石。

我們從幫助別人的經驗中，發現面對這些失落，或覺得生活卡住、困住的時候，有些人會不想「談」，或不知如何「談」，讓身旁的親友無法理解當事人究竟發生了什麼事。有時候彼此也會因此產生誤解，甚至讓當事人經驗到二度傷害。本書撰寫的目的之一，也是希望減少每個當事人在經驗到失落事件後，再經歷被誤解和二度傷害的可能。

不想談，或是還沒有準備好要談

人在面對緊急、危機情況時，會以「戰」（比如：大吼大叫）、「逃」（比如：遠離刺激源）、「僵住／凍結」，或「討好」（比如：順從對方的要求）等方式反應，來保護自己。這些自我保護機制，在當下會以「生存」為首要目標，將情緒和想法凍結在身體中。**在當事人尚未感覺足夠安全、環境仍有許多不確定性、不想面對、不知如何面對，或是原本的因應機制失去作用時，都會讓當事人不願意談，或不知道要如何談。**

還有幾種情況，也會導致上述情況：

- 當事人想談時，卻因為無法承受或不知如何因應隨之而起的強烈情緒，而害怕再次談及或無法好好表達。

- 當事人試圖表達時，身旁的人無法好好接住當事人的情緒，導致當事人選擇噤聲，以免受到二次傷害。
- 因社會文化、大眾習以為常地不去談或不回應、怕尷尬，導致當事人不知道這些情緒、這些狀況，是可以談的，並非是丟臉的事。

無論是上述何種情況，那些凍結在當事人身體裡的情緒和想法，沒能找到適當的出口時，就會以其他形式展現，例如：做惡夢、莫名焦慮，甚至是身心症狀（如：過度換氣、頭痛、腸胃不適、失眠等等）。

從非語言方式打開承接情緒的空間

當人感到痛苦，或情緒太過強烈時，可能會關閉身體感覺，並連帶關閉「感受」生命、「感受」活著的重要能力。

自古以來，人類創造許多儀式、行為，來傳遞經驗、分享記憶、處理巨大的傷痛，我們同樣可以運用身體感受、肢體動作、藝術材料、音樂、遊戲等具備彈性與變化的非語言媒介，協助人們安心地表達內在難以言說的想法與感受，為人們在「無法忍受」或「難以忍受」的經驗中撐開一點空間，幫助他們承接內心複雜的情緒，陪伴他們進到「稍微可以忍受」的狀態，然後逐步開啟表達自我和彼此理解的可能性，最終得以整合生命經驗，獲得療癒，增進心理韌性。

失落調適的五項任務

人在調適失落經驗時，大致上會需要完成五項任務2：

(1) 承認失落的事實；

(2) 讓自己願意面對痛苦；

(3) 修訂自己的假設認知架構；

(4) 將投注在失落人事物的情感，重新投注在未來的生活上，與失去的標的重建關係；

(5) 重新定位自己。

前述的五項任務會隨機地出現，並一次次地挑戰當事人的因應能力。當事人需要鼓起勇氣面對眼前的關卡，思考當下能採取的行動，將每個行動組合成自己獨特的任務達成方式，以穿越重重關卡，開創新的生命韌性。**在困境中找出當下能採取的行動，就是具備創造力的一種展現，而創造力在非語言的環境中，享有最多的自由度和可能性**。因此，善用非語言媒介的陪伴，有助於當事人完成上述五項任務。

本書以十一個失落經驗作為引子，搭配相關的心理概念說明，並分享照顧陪伴自己或他人的方式。心理概念主要以失落經驗引起的身心反應為主，聚焦在社會大眾對這些身心反應常有的迷思或誤解，提出合理且能增進復原力的觀點，希望能豐富大家對於失落經驗的理解，以及面對各種身心反應時的因應之道。

失落經驗無可避免，並且會以不同形式發生在每個人的生命過程中。此時，我們經常會先感受到表層的情緒，比如憤怒、低落，但悲傷常是此類經驗帶來的核心情緒。本書的第一章試圖打破人們對情緒附加的評價，帶大家瞭解失落事件可能帶來的各種非語言訊息（臉部表情、眼神、肢體動作、音調……）、行為和身心反應，理解和接納我們都是有血、有肉、有情感的人。故事也呈現出調適失落經驗的歷程不會是一條直線，而像是一個螺旋，經驗過的情緒會再次出現，同樣的感受會再升起，但是程度、樣態和停留的時間會略有不同。

失落事件不只會帶來許多情緒，也會影響身體感受和行為反應。第二章以失落事件衍生的身體化症狀為主題，藉由主角的經驗，看到我們的身體如何表達和儲存情緒。找不到原因的恐慌、偏頭痛等症狀，都可能跟被忽略的情緒有關。當然，我們也可以透過使用身體，來消化和創造更多可能性，而不是只停留在某個情緒當中。

第三章大家將看到一位面對社會期待的男性在碰到問題時，偏重解決問題，較少表達情緒和感受。透過創作，他得以與自己的感受連結，覺察到自己常常無意識地與他人比較的行為模式所帶來的影響，進而從創作中學到欣賞自己的獨特性。本章也指出，有時候我們的成長經驗也隱含著療癒的能量。

此外，我們也透過故事的主角，幫助讀者一窺近幾年常被提及的話題，例如情緒勒索、性騷擾、學習創傷、不孕與流產等主題在生活中的樣貌，並試著提出一些相關的因應作法。例如第四章提到一位遭到情緒勒索的男性藉由Me Time，帶出自我照顧的沉靜力量所創造的緩衝空間，讓我們能夠與生活中的困境共存，也希望能啟發讀者更多自我療癒的創意。

第五章描述性騷擾對個人安全感的破壞力，可能讓我們的思考、感受和行為模式有一百八十度的轉變。面對這樣的衝擊，我們可以依循書中的幾個原則來幫助自己或陪伴他人重建安全感。在第六章中，我們透過有「學習創傷」的主角，看到用生命陪伴生命的神奇力量。在人與人的關係逐漸疏遠的現代生活中，寵物能夠連結人們最柔軟和脆弱的內心世界。

失落經驗之所以難以處理，有時是因為當事人和事件本身有著千絲萬縷的糾纏。在第七章中，主角藉由電影來投射情感，並得以用第三者的角度審視外遇經驗，讓卡住的情感重新開始流動，也找回自己的角色。

第八章則提及不孕與流產，對女性造成的壓力和身心影響。透過活動身體和自由書寫，讓累積的情緒能獲得整理和抒發，並理解到放下並不代表要遺忘，而是能找到方式，建立和逝者的連結。

第九章中，讀者將會遇見一位癌友家屬，他因為恐懼失去家人而陷入憂鬱，這樣的情緒卻藉由創作發生轉化。第十章則是一位病中阿媽的孫女，藉由手語重新與自己的內心連結，重拾美好的祖孫關係。我們將在這兩個章節中清楚地說明，創作和身體如何在過程中陪伴和轉化主角的情緒，讓讀者更瞭解非語言表達的影響力和療癒力。

最後一章，我們討論到「復原」（Resilience）的概念。正向心理學強調的「復原」並非指恢復原狀，或是把不好的事當作沒發生過就是好了，而是覺知不好的事確實發生了，仍能努力調節平衡身心狀態的能力。[3]人的一生中無可避免會遭遇至親好友的逝去，在碰到這樣的情況時，我們仍然能夠藉由一些方式培養自己的復原能力，發展新的生活模式。

坊間已經有許多教導人透過口語表達和認知調整等方式，來照顧自己或陪伴別人的書籍，相信對語言陪伴有興趣的讀者可以很容易找到相關的資源。因此，我們希望透過本書分享許多經由視覺、聽覺、觸覺、嗅覺、味覺、動覺等非語言方式，幫助你或你的親友以不同的方式覺知失落經驗，並且看見自己的可能性，進而培養心理韌性，讓人從失落經驗中長出新的力量，活出蛻變後的生命樣貌。

為失落的靈魂織一張安全網

系統合作是心理工作中很常被討論到的議題。這反應出心理工作不應該，也不能夠只是心理師和個案間的工作，而是應該以宏觀的格局來協助個案因應困境。如果心理師每週一次的諮商頻率，能夠對一個人的生命產生影響，那麼，當個案身旁的每一個人都能與他們一起面對他們的困境，肯定能織出一張更加強韌的安心網，產生更加強大的支持力量。

這也是我們書寫本書很重要的動力來源。本書是一本自助的書，也是一本可以豐富助人想法和方法的書。期待讀者透過本書，練習以更多元的角度覺察自己和他人的狀態，並學會用更豐富的方式，陪伴自己或他人度過失落經驗所引發的各種情緒、想法和行為反應。誠摯地邀請打開本書的每個人，和我們一起創造一個對人有同理心，能接納每個失落的靈魂，並且滋養出每個人獨特韌性的社會。

Chapter 1

反覆地憂鬱，是因為我很糟嗎？——「情緒擺盪是復原過程的常態」

「我是百菲，不好意思，這麼早打給您。我今天身體不舒服，要請假。我在家會把明天的會議資料整理好，中午以前email給您。明天我會到公司，一起出席會議。」掛上電話後，躺在床上的百菲睜大眼睛看著天花板。

門外傳來母親的聲音。「今天還是不舒服，要請假嗎？」

「是的，我已經打電話給主管請假了。」

掛上電話，百菲想起昨天她完成了一場簡報，當場客戶立即確定了合作內容。就在百菲與主管結束簡報，回辦公室的路上，主管對她說：「百菲，交給妳果然是對的，這個合作案結束後，我想要妳試著帶一個自己的團隊。」

百菲突然感到胃部一陣緊縮，小聲地說：「自己的團隊！可……可是我……我覺得自己還需要多磨練。我還不能帶人啦！」

主管回道：「不用擔心，我會幫妳。而且妳一向都不用我擔心，我有信心，同事也會願意聽妳的，妳一定很快就能勝任。」

百菲的聲音更小了：「可是，我……」

想到這，百菲的胃又痛了起來。

接下來，百菲斷斷續續又請了幾次假。不知道是不是因為請假次數有點多，升遷的事不了了之。

慢慢地，百菲也恢復了健康，可以每天到公司上班。百菲一如往常地展現出絕佳的工作能力，先前不穩定的出席彷彿沒發生過。

幾個月後，主管雀躍地告知百菲，大老闆要提拔她。百菲用力扯開嘴角，卻說不太出話來，只感覺到胃翻了好幾圈。

百菲開始每晚輾轉反側，早上醒得愈來愈晚；一日三餐變成兩餐，把食物吃完變得愈來愈困難。以往在公司總是精神百倍、面帶笑容、態度從容的百菲，現在臉色變得愈來愈蒼白，常常慌張地道歉，每天追趕著排定的工作進度。家人、主管和同事們開始擔心百菲的狀況。百菲笑著謝謝大家的關心，對自己的延遲和笨手笨腳表示抱歉，最後再舉起握拳的雙手，笑著表示：「沒問題，我可以的。相信我。」

回到家，百菲拖著步伐走進房間，跌坐在床沿。她知道自己怪怪的，但是她不明白自己怎麼了。她覺得有某個東西卡在胸口，她想把那團東西吐出來。她做出嘔吐的動作，卻什麼也吐不出來，胃反倒開始痛了起來。她想要說些什麼，腦中卻一片空白，只看到鏡中的嘴巴無聲地開合。百菲心想，到底要怎麼描述那團自己也不知道是什麼的東西？

一向賞識百菲的主管，看著百菲愈來愈憔悴，卻又努力撐住的樣子，不忍心自己看好的下屬變成這樣。主管鼓勵百菲申請公司的員工心理諮商福利，順便評估一下心理諮商的效用。百菲順從地做了預約。

和心理師工作了幾次，百菲逐漸瞭解自己先前的樣子原來是憂鬱症狀，也發現這一切是源自於她的完美主義。她總是很拚命、很拚命才達成一次次愈來愈難的績效目標，現在難度升高到要帶領團隊，她不確定自己是否還能更拚命，她好害怕會讓主管失望。因此，當升遷的機會來臨時，她就會壓力大到睡不好、吃不好，甚至工作表現也開始不如以往。

對自己有更多瞭解後，百菲試著調整心態，情緒也逐漸穩定下來，睡眠和飲食狀況漸漸恢復規律，也能跟上工作進度了。

此時，新冠疫情在全球肆虐，公司的營運受到影響，許多計劃中的工作被擱置或被迫改變方向。公司開始採行在家工作的模式，所有的人事升遷自然也暫停了。看起來外在環境似乎都在幫著百菲減少工作壓力。

然而，輕鬆的日子卻不到兩個月……

有天，百菲在線上會議結束後，默默落下眼淚。

突然其來的反應，讓百菲也嚇呆了。百菲想到自己是不是又開始憂鬱了？她明明跟心理師談過了，也試著調整自己的想法，一切也都恢復原樣了。胸口的那團東西怎麼又回來了?!再者，疫情下，不被裁員已是萬幸，想升遷本來就不容易，為什麼她還會這樣？難道心理諮商沒有用？還是她的狀況比想像中更糟？

百菲害怕極了。她不敢讓同事、主管知道自己又有狀況。這一切都看在母親的眼裡，她知道百菲又遇到難關了。

一天，母親因為腰痠，請百菲幫忙準備晚餐。百菲手忙腳亂地完成了四菜一湯。百菲和家人們吃著帶著焦香的牛肉絲，大小不一的紅蘿蔔、撒鹽時不小心下手過重的炒青菜。百菲羞愧地無地自容。

父親吞了一大口青菜說：「謝謝我的乖女兒幫忙煮了這頓充滿孝心和創意的晚餐。這一餐也證實了，我們全家都很健康，沒有人的味覺異常。來，大家乾杯。」說完，他喝了一大口水。全家人笑著謝謝百菲，然後大口吃著菜，扒著飯，再配著一杯又一杯的水。百菲看著大家勉力地吞著，不知道該哭還是笑，內心五味雜陳。

晚餐後，百菲回到房中，看著窗外發呆。母親點亮房間的燈，燈光將百菲從黑暗中喚回。母親放了一碗櫻桃在百菲手上：「對不起，我沒有想到妳不會煮飯。」

百菲立刻低下頭，十根手指糾結成一團。

母親柔聲地說：「妳一直是每個父母最想要的完美小孩。」

百菲的眼淚直直落下，手指關節被握得發白：「對不起，我不再是妳的完美小孩了。」

母親搖搖頭說：「不會煮飯就更完美了。我終於可以當一個真正的媽，教我的寶貝女兒一些東西了。」

百菲抬起頭想要重申：「可是，我……」

母親笑著打斷百菲：「我一直想學做羅宋湯，妳上網幫我找找作法，明天，我們一起試做看看，可以嗎？」

百菲愣了一下，點點頭。

百菲和母親一起完成了羅宋湯、泰式檸檬魚、咖哩雞、魚香肉絲……一道又一道的佳餚。有的一次就大成功，有的試了幾次才有點樣子。百菲的食慾跟著廚藝慢慢變好了，無意間露出笑容的次數也多了一些。

這天，母親輕聲地說：「百菲，要不要再試試看約心理師的時間？我想要一個面對失敗也可以一笑置之的小孩。」

百菲沉默了好一會兒，幽幽地說：「如果我約到心理師的時間，我們來做蛋黃酥好嗎？」

☂ ☁ ☀

憂鬱是每個人一生中都會經歷的情緒，舉凡考場失利、分手、被公開批評……等情況，都有可能引發憂鬱的感受。反覆感到憂鬱是正常的，也是常見的現象。情緒除了是對事件的反應，也是推動我們改變的動力，幫助我們一次次地嘗試成為更好的自己。

情緒表達需要學習和練習

情緒本來就是很難描述的心理狀態。開心、傷心、生氣、羞愧、嫉妒等等情緒辭彙看似容易理解，然而它們所呈現的樣貌卻因人而異。每個人也會依照自己主觀的感受，運用已知的事物拼湊出屬於個人的情緒樣貌想像。例如：有人覺得悲傷是藍色；有人覺得悲傷是不同層次的黑色；有些人覺得悲傷像是沉到海中不能呼吸，想大叫卻發不出聲音；有些人則會形容悲傷時，會有心臟遭到重擊的感受。由於沒有標準答案，所以很難清楚地表達，也很難精準地被理解。因此，不知道怎麼表達情緒，以及難以理解他人的情緒，都是再自然不過的事。因為，**情緒的表達和理解都需要後天的學習和練習**。

當我們原本規律的生活節奏被情緒打亂時，表示這個情緒必然超乎尋常地複雜又強烈。故事中的百菲一開始會難以表達，是因為她經驗到的是長期累積的壓力，因為升遷機會而引爆身心變化，其中包含了複雜的經驗、感覺和想法，因此無法在短時間明白自己發生了什麼事也在情理之內。

此時，**個人和周圍環境對情緒的接納程度，會大大影響個人表達情緒的意願**。故事中的百菲生性追求完美，光是要接受工作壓力為自己帶來的身心感受和變化就已經不容易，更別提要在他人面前展示自己的不完美。再者，反覆出現的身心狀況，常會給人一種「先前的努力白費了」、「失敗了」，或「我糟透了」的錯覺，這也加深了原本就有完美主義的百菲的心理壓力，讓她更加羞於啟齒。

因此，面對當事人不知道如何表達或無法將心情說出口的情況時，旁人若能予以包容，並且給當事人一些時間釐清自身狀況，將有助於當事人瞭解、接納和表達自己的情緒。

情緒的擺盪是復原的必經過程

失落事件會引發人們許多身心反應；同時，人們也會想要努力擺脫不舒服的身心反應，回到生活的正軌。雙軌擺盪模式（Dual Process Model）指出我們經歷失落經驗時，會來回擺盪在各種失落的身心反應，即「失落導向」歷程，以及積極面對當下生活的「復原導向」歷程之間，以逐漸擺脫失落經驗，建立新的生活秩序。[1]

處在「失落導向」歷程時，我們會讓自己處在失落事件帶來的各種情緒之中，並想方設法宣洩或探索與失落事件相關的心理意涵；處在「復原導向」歷程時，我們會嘗試專注在當下的生活，積極投入新的活動或關係，逃開不舒服的身心反應。這樣的反覆並不是因為我們很糟，或是之前的努力白費了，而是我們需要這樣反覆探尋的過程，才能具足開創新生活的條件。

可以將失落事件想做是學騎單車，幾乎所有學過騎單車的人都曾經歷跌跌撞撞的過程。「失落導向」歷程就像腳被單車踏板卡住而頻頻跌倒，「復原導向」歷程就像是我們努力平衡身體踩踏向前。相信大部分的人都是在無法維持平衡中，慢慢地踏出第一圈，然後在反覆跌倒再起身向前踏的過程中，學會騎單車的能力。

從失落經驗中復原的過程也是如此。透過反覆地經驗到身心失衡的狀態，我們可以學習悼念這份失落，消化失落事件對我們的影響，釋放失落事件造成的生

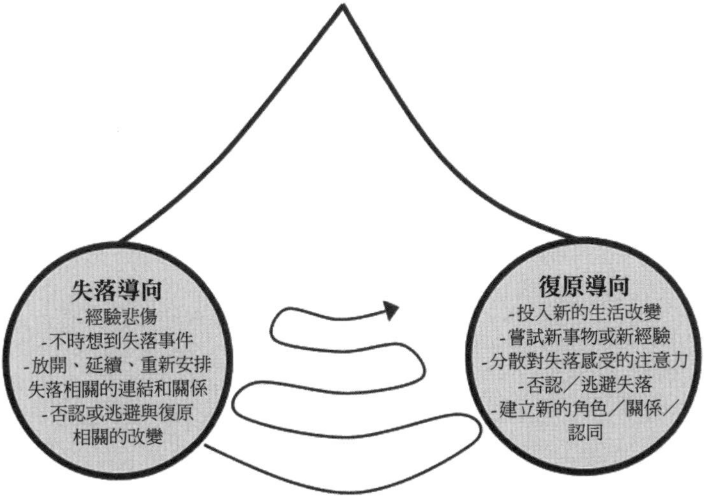

失落導向
-經驗悲傷
-不時想到失落事件
-放開、延續、重新安排失落相關的連結和關係
-否認或逃避與復原相關的改變
復原導向
-投入新的生活改變
-嘗試新事物或新經驗
-分散對失落感受的注意力
-否認／逃避失落
-建立新的角色／關係／認同

圖一、雙軌擺盪歷程

活壓力，探尋失落事件的意義。另一方面，我們也能藉由嘗試投入新的活動（例如：呼吸放鬆、運動、培養新的嗜好），或是建立新的人際關係（例如：認識新朋友、嘗試新的社交活動、以不同的態度與舊朋友互動），來練習建立新的生活秩序所需的各種能力和習慣。

當我們受不了失落事件帶來的強烈內在感受時，我們會轉身投入新鮮的、有希望感的新生活（復原導向）；當我們對新生活感到吃力和疲憊時，我們會重返失落導向來照顧身心感受。如此地來來回回，直到我們接納了失落經驗形塑出的新的自我概念，掌握了新生活所需的能力、習慣和關係，最後就能以全新的姿態開啟新生活。

情緒擺盪時可以這樣做

當你意識到自己的情緒進入擺盪時，除了可提醒自己正處在尋找新生活的歷程中，也可以試著：

- **允許自己宣洩情緒**：例如，允許自己哭一段時間或賴床十分鐘，把心情寫下來、畫出來、唱成音符，或說給知心好友聽。
- **找一些安心的力量**：穩定的力量就像扶著腳踏車的那雙手，可以來自安心的關係，也可以為自己創造。比如，在家中安排一個放鬆的角落、向親密的人要個擁抱、與知心好友維持互動等等，透過環境的設置或人際連結，創造讓自己感到放鬆和安心的時刻。
- **透過簡單反覆的行動為自己定錨**：像是每天拍一張天空的照片、每天買一朵花送自己、每天感謝一件事、每天寫一句稱讚自己的話……。透過重複的行動創造出穩定的感覺，能讓我們不致在擺盪中失去方向。

如果你身邊的親友反覆地經歷不適的身心狀態，請一定要保持耐心與信心，因為他們正走在復原的路上。請給他們更多的包容和協助，就像小時候父母扶著單車座椅，或跑在身旁鼓勵著我們那樣，以堅定的耐心和信心陪伴著他們，期待著他們雙腳輪流踩踏著而去，然後回頭展露笑容的美好時刻。

從日常生活開始關心自己／他人

食衣住行育樂是維持人的生命和存在價值不可或缺的基礎。換句話說，想要活下去我們就必須要從事與生存需求相關的活動。活下去就是一個珍貴的動力。故事中，百菲的母親就是藉由煮飯這個與食相關的活動來關心百菲，維持百菲的行動力，重建百菲的價值感。

同樣地，**當我們突然失去方向，不知道如何關心自己時，回到食衣住行育樂的基本活動中，相信一定能找到許多方法**，如：好好打扮自己、睡前用熱水泡腳助眠、設置一個安心的角落、出去走走、學習一件有興趣的事、做自己喜歡的事等等。

從關心別人的角度來看，試著邀請對方一起出遊或吃飯、關心對方穿得夠不夠暖或是居住環境的舒適度、與對方一起學習新事物，或一起去做對方喜歡的事等等，都是表示關懷很好的作法。關心不只能用口頭說明，若是能以行動展現，將會更有力量。

想一想

1. 試著回想一下，你在學騎單車、游泳或某個新技能的過程中，曾展露出哪些特質？如：怕痛、堅持、需要不斷被鼓勵、想要比別人強……。以及，讓你學成的關鍵因素有哪些？
2. 回想一個失落經驗，想想當時你是否也經歷過情緒擺盪的時刻？你有發現每次的擺盪有什麼不同嗎？如：時間長度、間隔頻率、對自己的想法、能力等等。

Chapter 2

假裝沒事、不去想就好了？——「壓抑的情緒由身體發聲」

「你們懂不懂啊?!不覺得這段剪接得很奇怪嗎？幹嘛浪費時間在這邊？重點是要能獲得點擊、關注～拜託!!」網紅阿倫常是這麼直接地跟助理說話。

阿倫十九歲時跟朋友因好奇開始玩起錄影，並在社群平台獲得許多關注後，漸漸朝網紅的路上邁進，到現在第六年了，也有好幾萬人的訂閱。阿倫喜歡這樣的工作方式，也覺得這是自己現在想投注心力的工作，但爸爸一直覺得他「不務正業」，為什麼不去找一個「像樣的」工作。阿倫也懶得跟爸爸再爭辯下去，反正他能賺錢養活自己，知道自己在做什麼就好。「大人他們都不懂啦！」阿倫常這麼覺得。

最近，阿倫發現自己有些狀況：睡不太好，也常會夢到自己直播沒有人關注而半夜驚醒，常常邊想事情邊摳手指，慢慢演變成緊張焦慮時也摳，放空時也想摳。阿倫望著自己不太完整的指甲邊緣，也不知該怎麼辦。

這兩週，阿倫又出現偏頭痛症狀，一痛起來就什麼都做不了，止痛藥吃過不同牌子，仍不時發作，但阿倫覺得應該只是工作壓力太大，想說等忙完這陣子再出國玩，放鬆一下就沒事了。

直到有一晚，阿倫下班經過一條長長的隧道，突然感受到恐慌感襲來。恐懼感就如同水面上漲般漸漸升高，阿倫覺得自己就像要被淹沒似的呼吸困難，想要大叫、想要逃離隧道。阿倫抓緊座位旁的把手，雙眼緊閉，一旁的助理看到，問他怎麼了。阿倫說不出話來，手卻主動地伸過去，緊緊抓住助理的手。助理雖然嚇到，但看到阿倫的模樣，也趕緊回握他的手，並且用另一手輕拍阿倫的肩膀。

忘了過了多久，閉眼的阿倫一邊數1、2、3、4放慢呼吸，一邊問助理：

「隧道過完了嗎？」直到助理輕聲地說已經出隧道了，阿倫才覺得呼吸逐漸恢復正常，才慢慢把眼睛打開。阿倫想起之前錄podcast節目時訪問過一位舞蹈治療師，對方曾提到觸碰可以讓人感受到安全感[1]，他剛剛的確覺得助理回握他的手時，身體的狀況有緩和下來，真的有種被接住的感覺。

回到家，阿倫洗完澡，突然聞到窗外傳來一股充滿各種香料味道的咖哩香。

「那好像媽媽的味道……」阿倫想起媽媽。

阿倫記得他小時候，來自印尼、人生地不熟的媽媽不多話總是微笑，常煮出一道又一道飄著各種香料味的料理，他的阿嬤吃不慣，總要阿倫媽媽多學煮台灣菜，為了避免阿嬤不高興，阿倫的媽媽總是順著阿嬤。

阿倫記得小時候，每個週日媽媽都會帶著他搭公車，去找自己的家鄉姊妹。聚會時，媽媽總是一邊煮香料料理，一邊與姊妹們聊天，臉上散發著阿倫在家裡很少見到的光采。回家前，媽媽偶爾會去商店買印尼食材，阿倫對各種香料充滿好奇，其中有一種看起來像生鏽的鐵釘，只要在做滷肉時放入兩、三顆，肉塊就會多一股清香，因此媽媽煮的菜，就是跟阿媽煮的味道不一樣。

在阿倫十歲時，媽媽因病去世，那些香料味也漸漸淡出阿倫的生活。

這時的香料味，讓阿倫想起了媽媽，想起媽媽因為人生地不熟、害怕衝突，所以很多事情幾乎都是順著旁人的意。像是只要阿倫的爸爸一個眼神不對勁，或是口氣冷淡，媽媽就會避開爸爸，默默地把事情做完。但阿倫想起，有次媽媽竟然在默默做完阿媽要求的事後，突然莫名地喘不過氣到需要送急診……

自從家裡少了媽媽，阿倫覺得自己的生活像少了滋味，自己長大的過程和心情，爸爸跟阿媽怎樣也不懂，阿媽都只要求自己聽話，爸爸都只要求學業成績。阿倫與家裡的關係漸漸地生出一層隔閡，阿倫用冷漠來保護自己，也常在溝通問題跟爸爸起衝突。

「你還好嗎？」朋友傳來訊息，叮咚聲把阿倫拉回現實，阿倫看著訊息不知怎麼回答，就送了一個OK貼圖並道晚安。阿倫又突然想起，有記憶以來，小時候跟家裡的大人說自己哪邊不舒服或覺得怪怪的，好像常常都被大人否認或責備，像是他因為討厭人多擁擠的地方所以不想去補習，大人卻罵他不知感恩、不懂得珍惜。他想不太起成長的過程中，有誰問過他怎麼了，或關心他……

阿倫想起小時候，自己其實很渴望爸爸的稱讚，但常覺得自己怎麼做好像都不夠好，常是看到爸爸嚴厲的目光，或是聽到他的聲音，就會不自覺地緊張起來，趕快檢查自己哪邊沒做好。爸爸常叮嚀阿倫怎麼做、穿什麼，但當阿倫進入青春期，開始有更多自己的想法，就常跟爸爸起衝突，阿倫其實不喜歡這樣，卻也不知道該怎麼解決。

或是之前念書時拿成績單給爸爸看時，爸爸總是短暫從手機抬起頭看一下，簡單回個「喔」，就又低頭看手機。這樣的回應其實讓阿倫感到很失落，他渴望能獲得更多關注，於是他心想下次要再考更好，才能更吸引爸爸的注意。

阿倫還想起小時候有一次，爸爸氣到把他關在倉庫裡，即使媽媽在外面也大叫著要爸爸開門，爸爸卻仍堅持不開門。當時倉庫裡黑麻麻一片，阿倫邊大哭邊敲門、踢門。阿倫其實早已忘了自己當時犯了什麼錯，但這次因工作忙、壓力大，加上調適不過來，使得他連結到當時出不去的恐懼：那時車子停在隧道裡，隧道裡的光線昏暗，車子座位上又有安全帶，那種無法逃脫的感覺，喚醒了這份深藏在他心裡的恐懼。

「恐懼是用來提醒我們的，」阿倫想到那次治療師在節目裡這樣說明，「恐懼感往往是在提醒我們，有事情發生需要留意，或是需要好好保護自己。我們也常因為恐懼感連結的身體感覺，比如呼吸困難等，而感到更害怕。但如果我們愈害怕這類的情況發生，往往愈容易失制，最好的方式，可能就是當下不把力氣放在對抗，而是好好呼吸、好好陪伴自己，恐懼感會像水流流過身體，就會慢慢結束。」

阿倫想起了上次在錄節目時，治療師介紹的放鬆方式。他慢慢地跟著上次的練習呼吸著，試著放鬆身體，也慢慢地想起好多事。他想起小時候很多事情，不能說「我不知道」，不然就等著被責罵、處罰了。也因為如此，他長大後變得很需要能掌控全局的感覺，也常因為不確定性而產生焦慮、不安，甚至無力感。

阿倫不喜歡這樣的無力感，覺得它讓自己變回小時候拿著成績單，站在爸爸面前的自己。也因為這樣，工作上很多事情，他都希望同事能即時回報、馬上做到，也不接受同事們的藉口。阿倫想到，自己好像不知不覺也變成了爸爸，用嚴厲的態度對待同事，不只讓同事感到緊張，也讓自己累積了不少壓力。

阿倫也知道，真的需要休息一下了，節目就先停更一陣子吧。

阿倫決定了，明天想去小時候常跟媽媽去的商店買點香料，煮頓飯給自己吃，回味媽媽的味道與記憶。他也想約同事們一起吃飯，好像很久沒跟大家一起聊聊天、分享近況，並且藉此機會謝謝大家一直以來在工作上的努力和協助。

當工作、生活的壓力，以及各種失落事件引發的情緒超過我們所能負荷時，為了保護自己，身體會本能地做出戰或逃的反應。這時，壓力荷爾蒙的分泌會讓人產生焦慮感，或甚至恐慌感。

壓抑的情緒會由身體發聲

當我們用「沒事」、「不要想就沒事」、「再撐一下就好」等思維來否認、忽略內心的各種情緒，一旦超過心理負荷，這些真實情緒通常會透過身體化的方式（行為或症狀）表現出來。就像故事裡的阿倫，緊張時就摳手指，壓力累積久了變成偏頭痛，甚至會感到莫名恐懼，或突然喘不過氣來。

如果我們因為忙碌而長期忽視身體的感受，往往也會產生與內在真實自我分離、無所謂或麻木等心理感受，並漸漸失去應對生活變化的彈性。[2]因此，身體出現不適感受時，正是在提醒我們需要暫停手邊的事，將注意力放到自己身上，並試著留意呼吸、身心反應，從中調節身心反應。

用簡單指令引導自己

天氣、聲音、特定日子（紀念日或祭日），或是經歷類似的身體感受、看到他人或自己做類似的動作、聽到特定的一句話或某種音調等，都可能讓當事人陷入與原發事件所帶來的相同恐慌感受。就像故事中，進入隧道的密閉感讓阿倫連結到童年時期被父親關在倉庫的回憶，並進一步引發恐慌反應。

避開容易引發恐慌的地方、人或事物，雖然有助於降低恐慌發生的頻率，但恐慌仍有可能說來就來。這時，我們要明瞭焦慮、恐慌只是我們感受的一部分，並非人生的全部，並且嘗試在當下找到穩住自己的方法，讓這些感覺流過，就像下雨一般，下完就停了。

焦慮、恐慌的感受來襲時，可以先試著用簡單明瞭的指令引導自己、跟自己對話。比如：「吸氣~吐氣~」、「我只需要專注在好好呼吸，這份恐慌感會隨呼吸流過，不會永遠持續下去。」

從呼吸開始調節壓力

自律神經包含交感神經和副交感神經，負責掌管心跳、呼吸、血壓、體溫等不受意識控制的人體功能。當我們遇到緊急狀況，交感神經會誘發我們做出顫抖、逃跑，或僵住、呆住等反應；在非緊急狀況時，副交感神經會啟動，幫助我們放鬆與休息。

這兩種神經系統如同日升月落般和諧運作時，我們的身心就會維持在平衡狀態。但當資訊超載、情緒和壓力超過我們所能負荷，兩個系統的運作就會受到干擾，影響我們的生活。

自律神經系統對壓力的調節至關重要，其中唯有「呼吸」是我們稍微能夠以意識去主動調節和控制的。**調節呼吸（像是緩慢、深長的吐氣和呼吸節奏）有助於鬆動焦慮、憂鬱或恐慌等情緒，改變我的們心理狀態，增加副交感神經的活躍程度，幫助我們放鬆下來。**

由於身體動作的變化（例如：呼吸會帶動身體的擴張和收縮），和大腦之間的訊息傳送與連結會需要一些時間，建議可以多做幾次以下的練習：

- **運用覆蓋感或重量感**：將抱枕放在肚子上，每次吸氣時，感受肚子往上推抱枕，吐氣時，抱枕往肚子沉。也可以將抱枕放在不同身體部位，比如大腿或手，或是用毯子覆蓋全身。抱枕或毯子所帶來的覆蓋感或重量感，有助於我們將注意力導回身體，喚醒副交感神經，協助身體進入放鬆休息的狀態。
- **老鷹呼吸**：想像自己如同老鷹般打開雙手往兩旁延伸，吸氣時，雙手往上，吐氣時，雙手往下。
- **書本呼吸**：雙手合十置於胸前，吸氣時，手刀部分相連，雙手像打開書本般張開，吐氣時，雙手再合上（這個呼吸練習的動作幅度較小，適合在辦公室等小空間進行）。

• **手風琴呼吸**：雙手合十放在胸前，吸氣時，雙手像拉手風琴般往兩側打開，吐氣時再合上。呼吸的速度和長度，可以配合手開合的速度（這個呼吸練習能透過較大幅度的手部動作帶來身體的延伸和擴展，建議找個足夠雙手打開伸長的空間練習）。

• **吹泡泡**：以緩慢、深長的吐氣方式吹泡泡，有助於啟動副交感神經。吹泡泡也能帶來視覺感受，或是連結到兒時玩耍的記憶和愉快感受。

做呼吸練習時可能會遇到的狀況

每個人的身體經驗與狀態都是獨特的，因此在做呼吸練習時也會有不同的反應。比如有人一開始專注於呼吸練習時，會有頭暈、胸悶等感受，原因可能是想將氣吸滿，而一下子吸入了太多氣。建議剛開始練習時，將重點放在「放慢」呼吸的速度，特別是「吐氣」，並且試著以緩慢、規律的節奏呼吸，就像故事裡的阿倫邊數1、2、3、4，邊放慢呼吸速度。

另外，有些人在做呼吸練習時會想起一些很深的感受，像是委屈或失望，而莫名覺得想哭。之所以會想哭，可能是因為我們有好一段時間沒有把注意力放在自己身上，照顧自己的需求，以及仍有情緒需要被留意與消化。但也請留意，如果哭泣之後出現更強烈或久久未能平復的情緒或身體反應，可能跟過往未處理的創傷經驗有關，建議諮詢專業人員，尋找合適的協助和支持。[3]

藉由身體感受照顧自己

外界事物所引發的身體感受，會連結、影響我們的神經系統，讓我們感到有壓力或放鬆。比如聽到有人尖叫或大吼，或救護車尖銳快速的警報聲，會吸引我們注意，並讓我們緊繃起來；或是，故事裡的阿倫從觸覺感受到同伴的支持，從嗅覺喚起與母親相處的美好回憶，獲得溫暖。

因此，練習找到自己認為舒服的身體感受，不僅能夠為我們提供心理安全感，也能幫助我們在情緒複雜的時刻好好照顧自己。

- **視覺**：現代人的生活大量依賴視覺，有時暫時閉起眼睛休息一下，會是修復與連結放鬆感的好方式。雙手互相摩擦，搓熱後用雙手摀住雙眼，確認手指是閉合的，減少光線影響。[4]
- **味覺**：泡一杯花草茶、吃一塊美味的蛋糕，都是藉由味覺滋養自己。
- **觸覺**：觸覺是生命初期認識世界很重要的媒介，也能從中感覺到安全感與被接納。[5]就像阿倫的助理在他恐慌發作時握住他的手，即使阿倫眼睛閉著，同樣能從助理手回握的力道和包覆感，接收到支持感。

你可在不受打擾的環境裡試試「蝴蝶抱」：雙手環抱身體，像是給自己一個擁抱，可以輕輕抱住，或是稍微用一些力氣，接著左右手輪流輕拍身體，邊數1、2、3、4……，從觸覺給自己一些反饋與照顧，也從數數中給自己一些穩定節奏。也可以像是安慰哭泣的孩子一樣，用單手以穩定的節奏輕拍胸口，讓自己安定下來。

如果你只想放空、躺平，也可以專注於把注意力放回身體，練習接納與聆聽身心的各種感受。此時，你可以側躺在床上或沙發上，捲曲身體，溫柔地拍拍自己、擁抱自己。

- **聽覺**：音樂的節奏、曲調，可以調節自律神經，讓情緒獲得抒發。為自己整理一份療癒歌單或吶喊歌單，從聽覺獲得支持感[6]。
- **本體覺與動覺**：本體覺指的是人對自我身體姿勢和手腳位置的覺察，並藉由肌肉和關節的延展收縮，接收和整合身體資訊、進行身體動作，例如不用眼睛一直盯著看、輔助的情況下，仍可以精確協調地做出動作。其中延伸型的動作可以帶給我們身體支持和力量感[7]，連結和提升自我意識。
試著讓身體站在中立位置，感受雙腳接觸地面，先自然呼吸幾次，接著將雙手慢慢往上延伸呈大V字型，再慢慢放下來，重複幾次。

想一想

1.當你有說不出口的情緒，覺得很悶的時候，你都從身體的哪個部位開始留意到這些感覺？

2.練習探索看看，自己最熟悉、常用來獲得放鬆的是哪種感官感受？哪種最不熟悉呢？

Chapter 3

我只是想過跟別人一樣的人生，這樣的標準太高嗎？——「過去可以是力量的來源」

阿輝是一間公司的主管，為了獲得升遷、提升家人的生活品質，阿輝相當積極努力，但現況與他預期的有很大的落差。

一次的員工進修，公司邀請了心靈導師柏瑞，希望透過藝術活動幫助員工紓壓、建立團隊合作精神。阿輝對課程很感興趣，希望可以從柏瑞身上找到生活的意義或方向。他告訴柏瑞，自己曾是美術班學生，小時候喜歡畫圖、隨手塗抹的感覺，但進入美術班後，很多事情就改變了，比如：一定要照著主題畫，創作不再像過去那樣自由。

升大學時，阿輝選擇就讀其他科系，因為至少這個科系可以看得見未來，可以保障有穩定的薪資，可以養家活口。但阿輝也表示，畢業開始工作後，生活過得並不開心。每天工作朝九晚五，週末要陪伴家人，處理家中的大小事，每天忙碌奔波，愈來愈弄不懂生活的重心與意義。

柏瑞覺得阿輝看起來三十多歲，身形削瘦，眼神顯得無助與疲憊。柏瑞鼓勵阿輝來參加一個週末實驗性質的創作活動，試著找回小時候塗鴉的感受，也許他可以從中找回對生活的掌握感。

週末一早，阿輝比約定的時間提早到達現場。阿輝再次表示自己對創作毫無期待，倒是對可以重新檢視自己的生活有些興趣，希望可以藉由活動理出一些頭緒。

柏瑞邀請阿輝試著挑選擺放在櫃子中的媒材，阿輝望向櫃子，看來沒有要移動的意思。

阿輝淡淡地說：「我真的很久沒畫了，腦筋一片空白。我只是想知道我要怎麼改變，讓我的生活變好，至少變得跟其他人一樣！」

柏瑞鼓勵阿輝多說一些。

阿輝接續說道：「難道不是應該這樣嗎？我在公司已經七、八年，也是個主管，希望可以帶小組做出點成績，希望組員可以配合執行公司的計畫，而不是扯後腿。在家裡可以有一個賢慧的妻子、聽話的孩子，如果妻子可以將家裡維持得很好，不用讓我擔心，孩子可以認真讀書，有好的成績，我就可以努力打拚，而不是週末還要處理家中那些烏煙瘴氣的鳥事。不是這樣嗎？我的願望有很過分嗎？」

「我其實已經很多天沒有睡好了！」阿輝繼續說道，「上班時我也開始無法集中精神，想要快點處理手邊的工作，就是不斷出現其他雜事、不斷出狀況。老闆也一直催促、提醒我，要求我趕快趕上進度，但我就是不知道要怎麼做，我已經都試過了，就是不行。全部都一團亂了！我不要我的生活變成這樣！」

「好像生活與你原先預期的有很大的落差，如果沒有這些困難，生活應該就可以一帆風順，是嗎？」柏瑞回應。

「同事們也不都是麻煩、累贅啦，他們當然也有做出成績的時刻。家人其實也有令我欣慰、開心的地方，只是我現在真的感覺很累，喘不過氣，好想放棄一切，什麼都不管，但不行。我到底還要做什麼才可以改變這一切？」

柏瑞鼓勵阿輝：「這樣生活真的很辛苦。這樣好了，我知道你很久沒畫圖，我們就把它當作是一種實驗，試試看也不會有什麼損失。我們不需要特別設定什麼目標，或是期待作品要符合什麼樣的標準，就是隨著你說的那些感覺去挑選可以使用的素材來進行。」

阿輝想了一下，並花了一些時間挑選好蠟筆與圖畫紙，在進入創作前，又思考一陣子才開始繪製。

阿輝隨意地畫了幾顆大小不一的圓球，並試著在圓球中間裝飾一些不同的顏色，唯獨靠近紙張邊緣的一顆圓球是灰色的，一顆淡淡、沒有邊界的灰色圓球。

阿輝表示：「這些圓球是各種星球，代表生活在我周邊的人。」

阿輝指指靠近紙張邊緣最小顆的星球，嘆氣表示：「那代表的是我，其他大顆的星球代表的是別人，別人都是彩色的，我的則是灰濛濛、黑白的。」

阿輝繼續悠悠說道：「我實在看不到自己身上有任何光彩，我也希望自己像其他人一樣那麼有活力，知道自己要做什麼。我好羨慕其他人，如果我也知道該怎麼做就好了！」

柏瑞謝謝阿輝試著將自己目前的狀態表現出來，也鼓勵他接納現況。

柏瑞說：「有時我們就是會在山頂上，但也有些時候會來到低谷，這沒有所謂的好壞，只代表你此時此刻所處的位置，我們還會繼續往前走。在這過程之中，要相信自己有能力幫助自己，有能力朝目標前進。」

阿輝表示：「但我現在沒有目標啊！我的人生就像一潭死水。」

「我知道，你很希望現在有人可以拉你一把。不如，我們現在先試著把畫改成自己期待的樣子，好嗎？雖然現實中還做不到，但我們先在圖畫紙上嘗試用小時候愛畫畫的經驗來幫助自己，拉自己一把，如何？」柏瑞回應。

阿輝的表情顯得有些疑惑，但仍願意嘗試看看。

接下來的幾個週末，柏瑞給阿輝不同的材料與方向去調整畫作，阿輝試著延續第一張星球的作品去發展，有時更換星球的位置，有時改變大小，有時讓灰色星球靠近其他彩色星球，有時將代表自己的星球隱藏起來，有時讓灰色星球獨自待在一個偌大的空間中，有時讓自己是主角，有時則是配角。

漸漸地，阿輝也開始試著為灰色星球添上色彩，像是淡淡的藍色，或甚至火紅色。阿輝的表情也開始有些不同，有些開心、興奮，眼神透露出自信與想法，可以規劃出不同的畫面。

最後一次繪畫時，阿輝在畫紙中間畫出一顆相對較大的星球，一顆有火焰、冰山、河川、綠地的星球。

阿輝表示：「我好像明白你的意思了。如果我一直看著別人，希望自己長得跟別人一樣，我就會陷入泥沼中，因為我太想跟別人靠近，太想變成跟別人一樣。但我忽略了，我就是我，我可以長出自己的樣子，或是說，我已經有自己的樣子，只是被一些事物遮蓋住，變得不認識自己。」

「是的，我們需要經常洗滌自己，透過自我照顧的方式去篩選會影響自己的人、事、物，比如過去你所擅長的繪畫就是一個極佳的清洗工具，你可以透過這樣的工具重新找回自己！」柏瑞回應。

我們多少都對自己的人生有所期待，都希望可以過上好日子，但在與他人比較後，我們漸漸力不從心，難道是我們從一開始就設定錯誤目標？也許文化、心態影響我們許多，只是我們鮮少覺察到這些因素對自己的影響。

男性應該要堅強，不應該有情緒？

一般而言，男性天生傾向單一目標邏輯推演，比起女性較不擅長處理自身或他人的情感。而傳統上，亞洲人也習於灌輸男孩「有淚不輕彈」的觀念，應該扛起較多的責任，要負責照顧年幼的弟妹等等。在這樣的環境中成長，男性會傾向相信「解決問題才是王道」，只會「抱怨」、「表達情緒」是「軟弱」的表現，自然較難正視與接納內心的情緒（例如恐懼、自卑、羞愧、懊悔、悲傷與脆弱），也較難透過口語的方式宣洩，缺乏可以處理好各種複雜情緒的信心。

基於先天條件與後天環境的限制，男性其實更需要被鼓勵抒發情緒，但他們往往選擇壓抑情緒、保持沉默，太過理性思考，或是將情感轉化為憤怒，導致自身真實的感受完全遭到忽略。因此，**以非語言的方式宣洩情緒、釐清隱藏在身上的各種感受，對男性會是有利的出口。**

矛盾的感受可能是一種提醒

故事的主角阿輝傾向自己要能全面掌控生活，認為生活應該有一個可以依循的準則：設定目標，努力達成，修正錯誤，最終達成目標。但阿輝發現這次不論如何調整自己的生活、工作方式，就是沒辦法像過去一樣如願。這令阿輝陷入了矛盾的感受，不只對自己，對同事、家人也是。

當然，阿輝也可以怪罪其他人，認為是同事不夠用心，阻礙他達成目標；怪家人無法體諒他的難處，不斷出狀況導致他忙碌奔波。阿輝也可以怪罪自己，認為是自己年紀大了，面對一些事物不夠豁達或彈性，過於拘泥小節，造成現今的局面。但不管原因為何，都導向了一個結果：生活似乎不再能延續過去的準則，阿輝應該要做出改變。

當我們開始覺得生活不如預期、對一些現象感到奇怪，正是檢視自我的好時機。像是在前述的故事中，阿輝在經歷生活事件後出現不喜歡、不滿意、煩躁等感受，正代表阿輝不滿意現狀，不願再陷於同樣的困境，因此才會停下腳步，回過頭思考自己正在做些什麼，以及有哪些部分應該做出調整。

我們無須過於排斥身體或心理感受，而是可以試著好好傾聽這些感受帶來的訊息。也許只是一種模糊的感覺，一種怪怪又說不出所以然的感受，但這些感受可以提醒我們，在習以為常的生活作息裡停下腳步，檢視現下的生活。感覺並沒有對錯，只是一種身體的反應，就像感冒生病需要暫停當下所有的活動，讓自己好好休息、恢復身體的能量後再繼續上路。

唯有我們可以停下來關注自我，好好接納出現在自己身上的各種感受，這些感受才能功成身退，逐漸淡去。

習慣比較，容易為自己帶來痛苦

與他人做比較是再尋常不過的表現：在班級中想要瞭解自己的學習狀態，可以與同學做比較；想在某一項專業中找到定位，可以透過獲取證照，讓他人認可自己的專業知識或技術；公司裡也會透過考核制度衡量員工的表現或貢獻度，加強培訓、管理落後的員工。

然而，比較雖然有助於彌補不足，卻也可能引發不當的調適心態，例如總是想奪第一、擔心總是吊車尾，或因為害怕失敗而放棄努力。

提升自我來克服困境固然是好事，但因為過度擔心會遭到淘汰，而去考取更多的證照、獲得更多的技能，可能都是「焦慮」的一種表現。我們需要思考，我們眼中的榜樣、社會所訂下的標準，真的適合我們嗎？我們是因為看到旁人都在前進，就感到緊張、焦慮，覺得自己落後別人嗎？這樣的比較帶給我們的並非激勵，而是批判，容易讓我們產生自我厭惡，嚴重的話，甚至可能造成自我價值觀崩裂。

故事中的阿輝也是如此，將目光放在長官、同事、先前成功的案例上，這麼做雖然可以帶來激勵效果，但久而久之也為阿輝帶來焦慮、恐慌，進而花更多的時間去工作，擠壓到生活的其他面向。

如果我們一直將目光放在他人身上，想盡辦法將自己塞入那樣的框架中，恐怕會喪失自我，找不到生活真正的重心。我們需要思考，什麼樣的生活才適合自己，如何在工作、家庭間取得平衡，自己最在意的是什麼，應該專注於哪些方向，並試著相信自己正邁向適合自己的生活。

重新找出能導引自己的能量

故事中的阿輝過去對繪畫、美術有些興趣，也從中獲得快樂與自信，只是後來因為環境因素，選擇更為穩定、有發展前景的道路。這樣的選擇並沒有錯，但阿輝卻選擇與過去切割，捨棄愛畫圖的自己，也因而失去了活力。

幸好，在柏瑞的鼓勵下，阿輝開始重新找回過去有自信的自我，並且在創作的過程中開始感到有些開心、興奮、有些不同。重拾畫筆幫助他喚回過去那個自我感良好、愛畫畫的自己，也為現今被困住的自己找到了一些能量。

從過去的經驗找到自信，就有機會擺脫那不斷重複、令自己厭惡的生活困境。因此，**過去擅長的能力、調節的策略、喜歡的物品等，都可能是幫助我們跳**

脫困境的媒介，有助我們找到詮釋困境的新角度，看到新的人生風景。

透過隨意塗鴉，轉換觀看事物的角度

被生活壓得喘不過氣來時，你可以試著拿起一枝原子筆或鉛筆，在白紙上自由畫上線條，透過來回刻劃線條幫助自己跳脫環境的限制，為你的感受、想法開創一個小小的空間，讓情緒獲得抒發。除了使用白紙，也可以使用便條紙、記事本等隨手可得的材料，更有效地保留每一次的創作。

塗鴉時，可以挑一個顏色代表當下的情緒，在紙上畫下線條、形狀，或單純只是塗色，將外在事件所帶來的感受具象化，一直畫到覺得夠了，再停下來。畫線條、塗色、色塊堆疊、反覆地刻劃與修改畫面，都可以幫助我們再次檢視創作當下的情緒。

你在簡單地描繪線條、塗色的過程中，可能會出現其他想法，而在畫面中加入新的元素。這時，你可以試著將這些新元素轉換成為新的創作主題，從該主題延伸，豐富你當下的感受。

此外，反覆回顧畫作也有助於我們整合某一時期的想法與感受，找到重新詮釋過往經驗的可能，讓我們能以較平靜的心情面對往後的生活，並賦予我們做出新選擇的能力。就如同故事中的阿輝透過一次又一次的創作，逐漸發現畫作中的故事或隱喻，心中許多複雜、說不出的感受也因此獲得承載，找到轉換觀點的力量，鬆動原本僵化的視角。

想一想

1. 你是否可以覺察到近期心情的變化？是什麼事情導致你心情有所改變？你知道你的心情代表什麼意義嗎？
2. 你可以透過什麼方式，幫助自己在困境中止跌，不再一蹶不振？

Chapter 4

我該犧牲自己，滿足家人的願望？——「自我照顧的重要」

K年約四十歲，經營社區雜貨店，給人負責、積極的印象，與人互動也相當客氣。小觀剛搬到這個社區，對社區還不是很熟悉，K也常會與小觀聊聊社區的大小事。

小觀好奇K怎麼會選擇待在社區經營雜貨店。

K說道：「這是我爺爺創立的雜貨店，不過我原本夢想跟幾位朋友一起組樂團，只是家人不支持，尤其是我奶奶。她覺得我不該過於浪漫，不應該總想著音樂、想著樂團，而是該找份正經的工作做，也希望我回家幫忙經營家中的生意。

畢竟我爸年事已高，我媽又生病，無法長時間協助我爸維持雜貨店。」

「其實我媽是支持我的，她覺得人生苦短，過得開心比較重要。但是奶奶對我有很高的期待，認為媽媽眼光短淺，不顧我未來的生計，其他家人也都站在奶奶那一邊，認為我應該多忍耐，畢竟誰沒有過必須犧牲、放棄夢想的經驗。況且幫忙家中的雜貨店也不是一件壞事！」

「我其實知道雜貨店對我們家的意義。一來它是我們家中重要的經濟來源，二來是爺爺留給奶奶重要的回憶，奶奶不可能接受雜貨店關門的。」

K跟小觀說：「但是我還蠻羨慕同學的，他們放學後可以參加社團，假日可以約出去唱歌、夜衝，但我跟這些事都絕緣，我只能待在我們家的雜貨店。」

「你不能告訴爸爸或家人自己有想參加的活動嗎？不能找其他人幫忙嗎？」小觀問。

K回答：「當然還是可以，但你會感受到壓力。當你看到他們望著你的眼神透露出疲憊、沒有人可以幫忙的訊息，或只是沉默以對時，你心裡就已經知道答案。我會覺得自己好像很不孝，不應該提出這樣的請求，或是自己好像什麼都做不好。久而久之，我在外面活動的時間就受限了，最後就放棄掙扎了……」

「那雜貨店你想經營到什麼時候呢？」小觀問。

「我也不知道，我只知道這是奶奶的願望，我不希望奶奶在過世前看到店收起來。但雜貨店的競爭對手愈來愈多，大家現在也習慣去便利商店、電商平台買東西，雜貨店的生意愈來愈難做了。如果可以選擇，我真希望可以出生在其他家庭，我不想困在這間雜貨店裡！不想面對這樣的困境！」K苦笑著說。

「要堅持下去也蠻辛苦的！」小觀回應。

K感嘆：「家家有本難念的經啊！」

一天，小觀在雜貨店外看見K緊閉著雙眼坐在車裡，連忙上前敲敲K的車子詢問：「你還好嗎？是太累睡著了嗎？還是怎麼了？」

K尷尬地表示：「我沒事啦，剛剛我只是在想一些事情。我每天都會提早一點來店裡，花一點時間待在車上。你知道，車子的空間給我一種特別的感受，好像是不同的世界，可以將自己與雜貨店分開，甚至將自己與家人分開。在這短暫的幾分鐘裡，我可以將自己的思緒歸零，什麼都不要想。當然，我有時也會想一下等等要做什麼事情，順一順今天要進行的工作，就像幫店裡貨品上架一樣，我也在清點今日的工作、活動。」

「那就好，我還以為你昏倒在車子裡了！不過你剛剛說的聽起來很有自己的儀式感，既可以幫你放鬆一下，也可以讓你準備好面對一日的挑戰！」小觀回應道。

「儀式感嗎？好像有一點，我也不知道自己從什麼時候開始有這個習慣，讓我可以好好地呼吸，穩定自己、充充電。這樣一來，即便今天的事情很煩人，我好像也比較有力氣去面對。可能我對家人的態度也是這樣，我沒辦法脫離他們，但至少我可以準備好再去面對他們，這樣我比較有緩衝的空間。」K說。

擅於覺察與回應他人需求是一種體貼的表現，適當的同理心、體貼有利於我們與他人互動交流，但過度關照他人需求，甚至到需要犧牲自我的程度時，恐怕就不是處理人際關係適切的作法了。當我們的人生受到他人牽制時，喘息的空間、放鬆的時刻可能就是一種解方，我們需要這樣的時刻重新連結自我，找回人生的方向。

當體貼帶來困境

體貼是一種有同理心，能夠理解他人需求的表現，在人際互動中也常被視為一種優勢能力。體貼的人通常給人溫暖、包容的感受，並且擅長察覺他人的需求與提供協助。這樣的人格特質可能來自原生家庭的養成，個體透過年幼時與家人的互動，學習觀察與理解他人的情緒反應並做出回應，並從這樣的互動過程中建立起同理心。然而，有些人可能因為家人較情緒化，而變得過度擅於察言觀色，以避免受到家人高漲的情緒波及。

家人之間的相處雖大多出自善意，但即便生活在同個屋簷下，彼此的成長背景和生命經驗也不會相同，若將自身的想法強加於其他家人，原本的善意也可能成為一種束縛。此時，過度體貼的人可能會將完成家族的願望放在第一位，擱置自己內心真正的想法。他們願意這麼做的原因，可能出於他們的能力可以勝任，或是希望藉由幫忙家族解決問題來得到關注或認可。

家中的長子、長女或單親子女特別容易落入這樣的困境，因為他們從小就被賦予照顧弟妹，支持家中經濟等等責任。長期累積下來，就容易**形成需要為他人感受負責的錯覺**，並且**誤以為自己是在照顧他人**，但其實他們可能**正在以忽略、逃避原本應面對與處理的問題來作為解脫**。

具有上述特質者一開始或許會有些成就感、滿足感，但長久下來，會感到疲憊、自我懷疑、想要逃離，若想卸下原先的使命或有所調整就變得相當困難，也會衍生出自己不孝、沒有幫到家裡的罪惡感。就像故事中K雖然清楚雜貨店是夕陽產業，也明白維持原本的經營模式是不智之舉，若不轉型，對經營者、家族都是一種消耗，甚至是痛苦，卻還是無法放下爺爺的雜貨店。

從情緒勒索中解套

情緒勒索（emotional blackmail）[1]為心理學家蘇珊・佛沃（Susan Forward）在一九九七年首度提出的概念，指的是一種利用恐懼（fear）、義務（obligation）和罪惡感（guilt）在關係中控制他人的行為。此為人際互動中，尤其是家庭中，相當常見的一個現象。

一般在健康的家庭中，每個成員都有其界線，彼此有清楚的位階，也允許每個人獨立做選擇，即使出現衝突、矛盾，也能試著釐清彼此的想法，尊重彼此的決定。但也有部分的家庭，成員間的關係缺乏界線、過於權控，而發展出情緒勒索的相處模式。

例如父母親運用威脅、罪惡感等方式來控制孩子；或是孩子認為自己已經夠大可以自行做選擇，結果卻被父母以羞辱或是沉默等方式否決；抑或是家庭成員需要服從家族的決定，無法依循自己的意見進行選擇，就像英國皇室的哈利王子想離開皇室，也需要經過家族成員討論來決定。

家庭的限制、困境、榮耀感、使命傳承等因素，都可能讓個體忽略自身感受，做出為了家族好，對自己並非最好的選擇。他們在成長的過程中長期受到這樣的思維模式制約，甚至可能因為擔心受到其他家人的批評而無法做出選擇（例如：「你已經生長在不錯的家庭，怎麼可以這麼不知足?!」）。

因此，個體在面對無奈或痛苦等情緒時，需要找到一個避難所、一個可以喘息的空間，以便做短暫的放鬆，並在適當的時機點，將累積在體內的壓力、情緒宣洩出來，就像水庫需要定期洩洪，以便擁有更大的蓄水能力，避免走向潰堤失控的局面。

每個人都需要Me Time

Me Time指的是專屬於自己的時間，在這段時間裡，最重要的就是回應自身的需求，好好地照顧自己。

並非特定性別、特定工作狀態的人才需要 Me Time，每個人每天都會遭遇到一些情境壓力，若沒有留心去調整、排解，這些壓力將會一點一滴累積，直到壓垮自己。

擁有Me Time**也並非逃避，而是一種短暫的休息**、一**種保養**，就如同睡眠、吃飯一樣重要。透過大腦、神經的放鬆，我們才有餘裕回頭處理當前的困境，面對新的壓力。

因此，怎麼做幫助自己擁有Me Time呢？你可以從認知、情感、行動這三方面著手：

• **在認知上：**

↓我們需要像面對重要客戶一般，將注意力拉回自己身上。不是利用日常剩餘的時間，而是刻意在生活中挪出一段適當的時間、空間來進行。

↓試著擺脫自我批判與自我否定，像是：「都已經什麼年紀了還在做那些事？」、「現在最重要的是做這些事嗎？」、「你把家人的需求擺在什麼地方？」上述念頭會阻止你將焦點放在自己身上。你需要重新檢視自己的需求或想法，嘗試降低干擾因素。

• **在情感上：**

↓我們可能已經跟自己的身體感受斷開連結，需要練習核對自己的感受，並對自己的情緒變化保持敏感，重新與自己的感覺連結（可參考第二章的身體感受練習）。

↓當出現較明確的情緒反應時，例如情緒低落、身體某些部位緊緊的、卡卡的，試著回應身體發出的訊號。

• **在行動上：**

↓設定合理、便利的執行計畫，來降低痛感或阻力，漸漸形成改變。

↓找出適當的週期，可能是每日起床後、上班前、下班後、移動到公司的通勤時間，或甚至提早安排好每週的半天放假時段，讓自己有時間整理情緒，好好清點或反思近期的自我狀態。

↓做一些想做的事，例如發呆、喝咖啡、看場電影、散步、旅行、泡個熱水澡、參加一場激烈的賽事、學習一項新技能等等。

↓想想小時候的願望，你是否曾經期待做些什麼？或曾經寫下哪些想做的事情？開始計畫行動。

每個人都需要一個專屬的時間、空間去緩和自己的情緒。**高壓來襲時，我們不一定都得立即積極面對**，急於處理當下的問題，有時反而容易因過於專注於事件細節而忽略整體狀況。這時，我們可以停下腳步喘口氣，重整步伐，讓腦中混亂的思緒平靜下來，也許我們會找到不同的觀看視角，發現新的出口。

自我療癒可以這樣做

每個人在Me Time時會做的活動大不相同，有些人需要相當清楚的儀式與目標，有些人則是偏好放空，或是做些一時興起的活動。下面將列舉一些方向，幫助讀者找出較適合自己的項目。

- **從五感出發**：精油按摩（嗅覺、觸覺）、聽音樂（聽覺）、憤怒屋、拳擊、砸枕頭紓壓（觸覺）、高空彈跳（視覺、觸覺）、泛舟（觸覺）、衝浪（觸覺）、騎馬（觸覺）、賽車（視覺、觸覺）……。
- **跳脫原有習慣**：去購物、與好友聚餐、離開原本居住的城市、騎腳踏車、環島旅行、更換不同的路線／方式去目的地、拍張不同的照片、享受一份夠好的餐點……。

- **改變自我形象**：做造型／剪髮、仔細打扮自己、化妝、替自己買新衣服、微整形、嘗試不同的服裝風格……。
- **做運動**：瑜伽、跳舞、重訓、廣場舞、爬山、踏浪、打籃球、打棒球、踢足球、打羽毛球、打桌球、慢跑……。
- **培養興趣**：露營、釣魚、組裝模型、編織毛線、參與藝術工作室、玩遊戲機、玩桌遊、KTV唱歌、看一部電影、看一齣表演、看畫展、聽一場音樂會、參加一場重要的宴會、完成百岳設定、探訪世界各大奇蹟景點……。
- **學習新技能**：烹飪、縫紉、捏陶、繪畫、攝影……。
- **執行願望清單**：列出願望清單，並找時間付諸行動。

以上活動可以自己一個人，或是找朋友一起進行。你也可以在從事這些活動前，先做一些自我設定，讓自己明白做這些事的意義，增加動力：

- **從外而內**：試著讓自己的外在狀態變得與過去不同，並讓內心符合外在的設定。例如透過選擇不同的衣著風格來改變自己的氣質，讓自己喜歡自己、欣賞自己。
- **從內而外**：試著設定不一樣的內在特質，並配合內心的狀態調整外在環境或自我表現。例如想要讓自己變得更加勇敢，可以嘗試參與諸如攀岩、拳擊等較為激烈的休閒活動。

想一想

1. 你有自己的Me Time嗎？都在什麼時候進行呢？在Me Time的感覺是什麼呢？
2. 你在Me Time時會做些什麼事呢？
3. 你曾經有過哪些夢想？是否有找到適當的時機去完成？

Chapter 5

我說話，所以我是OK的？——「建立安全感、信任氛圍的重要」

男同志阿布說話幽默、風趣，工作積極，深獲主管賞識和同事的歡迎。

「阿布，你真的超厲害耶！每次大型活動剩下的花，你撿一撿、擺一擺，這一盆花立刻看起來就像價值上萬。」同事A驚歎地說著。

阿布邊插花邊說：「我只是不想浪費，明明那些花都還很美。」

同事B大聲哀歎：「啊！我也想要有人來欣賞我的美。交友的app每一個都下載了，每次傳來的訊息，不到三句話就要約砲。這要怎麼聊下去啦！」

原本在一旁掃地的阿姨也來湊一腳：「我想不懂耶！明明漂漂亮亮的，工作能力又好，每天也跟很多客戶、廠商來往，應該認識很多人呀！怎麼會沒有男朋友？」

同事A：「阿姨～如果你有認識什麼優質的男生，請一定要介紹給我們。」

阿姨：「我哪有認識什麼男生。我老公都快六十歲了，他的朋友不是已婚，就是要找人幫忙拍痰，介紹給妳們，妳們也不要吧！」

阿布插花的手沒停：「阿姨，妳不要理她們，她們就是太愛賺錢，不懂得生活。」

同事B：「講這樣。就你最懂生活啦！祝你跟男朋友百年好合。」

大家就在好氣又好笑的氛圍下，繼續埋首工作之中。

數日後，某天的例會中，阿布一如往常把提案說得精彩又有趣，主管和同事們都覺得阿布的企劃案很有創意和吸引力，紛紛出聲支持推動。獲得大家的認可後，阿布愈講愈起勁，開始天花亂墜了起來，直到主管出聲制止，才順利進入下一個議題。

不知道是不是因為企劃案通過的興奮感，阿布比以往更為積極，不但把工作帶回家做，還會主動幫忙同事，每天像顆停不下來的陀螺似的轉呀轉。阿布的黑眼圈愈來愈深，原本強調工作就是為了享受美食的阿布，午餐變成以麵包果腹。同事們開始有點擔心阿布的工作量太大，主管也提醒阿布別累壞了，要他記得找同事幫忙。阿布雖然口頭答應，卻還是婉謝同事們的援手。

企劃案最主要的大型活動結束當天，大家在收拾會場。女同事們分配著客戶與合作夥伴送來的鮮花，把漂亮、完好的花朵都挑出來，花瓣下垂或葉子枯黃的就丟到黑色大垃圾袋中。整理好後，大夥習慣性交給阿布處理。阿布看著垃圾袋中的花朵，用力地抱起垃圾袋，快步衝到子母車，掀起蓋子大力丟進去，再大力蓋上。接著，阿布便坐在一旁默默地落下眼淚。

同事A對阿布突如其來的情緒感到驚訝，伸出的手正要搭上阿布的肩膀時，阿布抬起頭大喊：「不要碰我！」空氣瞬間凍結。阿布似乎也被自己的音量嚇了一跳，惱羞成怒地說：「走開。你們都走開，不要理我。」

星期一，阿布一如往常地上班，和同事打招呼；也趁著晨會的時間，感謝大家的協助，並為自己的暴怒道歉。會後，同事們主動上前關心，阿布邊後退，邊帶著尷尬的笑容說：「沒什麼，只是工作壓力太大了。」

下班後，阿布坐在公司大樓前的花圃邊等男朋友，臉上掛著若有所思的表情。下班的同事B經過時，拍了拍阿布的肩，阿布突然跳起來，大喊：「不要碰我！」阿布看見是同事後，立即道歉：「對不起，對不起，我嚇到妳了。對了，謝謝妳活動那天幫忙招呼媒體朋友。哇！妳今天穿得好美哦！耳環和髮型都搭配得好好，是不是要去約會呀？」

看到阿布前後落差極大的反應，同事B不知道該驚訝還是開心，只能一手摸著耳環，尷尬地謝謝阿布的欣賞，然後歪著頭離去。

同事B才剛離開，阿布的男朋友就到了。看到剛才一幕的男朋友關心地問道：「發生什麼事了嗎？」

阿布回道：「沒事、沒事啦！今天要帶我去吃什麼好吃的餐廳？我跟你說，今天好好笑……」

愉快地用完餐，回到家一開門，阿布看到餐桌上布置著男朋友送的花。阿布幽幽地說了一句「好美」，就快步走進浴室。順著水嘩啦嘩啦地流，阿布蹲在地上痛哭。

男朋友看著紅著雙眼的阿布走出浴室，溫柔地說：「眼睛怎麼腫了？」

阿布尷尬地笑著邊說：「呃……空氣不好，眼睛過敏。」然後眼淚倏地滑落嘴邊。

男朋友起身泡了一杯熱洋甘菊茶，放在阿布面前。舒緩的爵士鋼琴聲在兩人間流轉，沖淡空氣中沉默的低壓。

阿布聲音飄渺地說著：「那天，我在公司插完花。清潔阿姨邊稱讚我做得好，邊大力地拍了我的屁股。我覺得好噁心。我告訴自己不能被她影響，她可能不是故意的。就算是惡意，我更不能讓她發現我被她影響了……我應該要更努力工作，跟大家打好關係，可是我卻對大家大吼大叫。我是不是很糟？」

男朋友搖搖頭，伸手摸了摸阿布的頭。阿布低著頭，任由眼淚撲簌簌地落在桌面。

過了好一會兒，阿布的呼吸漸緩。男朋友開口：「我想抱抱你，好嗎？」

阿布起身，走進男朋友的懷抱中。

當一個人的行為模式、想法、態度或情緒反應和先前不同，或是做出不符合情境的表現，都是這個人生活發生變化的訊號。這些不同可能表現在說話方式、肢體動作、飲食習慣、睡眠規律，或人際互動等方面。

從上述的故事中，我們可以發現阿布出現以下幾種差異：

(1)原本不是特別多話的阿布，變成一說停不下來，需要主管制止。

(2) 活動結束後，將花朵丟掉，而不是拿來插花。
(3) 注重私人生活的阿布，開始把工作帶回家。
(4) 愛吃美食的阿布，午餐只吃麵包。
(5) 阿布的黑眼圈可能源自睡眠不足。
(6) 明明很忙碌，卻不接受別人的幫助，甚至主動幫助別人。
(7) 同事主動關切時，阿布激動的反應與情境不相符，也和他與同事間良好的互動關係不相稱。

「一直講」背後的意圖

發出聲音是最容易吸引人注意的表達方式。人一出生就會以哭聲吸引照顧者注意，以滿足進食、清潔、撫慰等需求，而故事中的阿布也是透過大量的口語表達來吸引大家的關注。

聲音傳遞的內容則是想被關注的重點。即便嬰兒尚未發展出口語能力，照顧者大多也能從哭聲分辨出他們的需求。由此可知，聲音的大小、頻率、速度，以及更複雜的語言，可以用來傳遞需要被關注的內容，就像阿布透過不斷地輸出他對工作的想法，表達出希望大家關注他的工作表現。

當我們理解聲音可以傳達一個人的意圖，接下來就需要思考意圖背後的深層需求是什麼？人會透過不斷說話誘使旁人關注某個人、某件事、某個行為、某個想法、某個情緒或某個議題，都是受到**內在需求的驅動**。因此，我們可以猜想阿布在會議中說得天花亂墜，是為了得到同事和主管的理解、肯定和支持，進而滿足他的自我價值感。

而當一個人的內在需求被滿足時，尋求滿足的行為自然就會停止。就像上課鐘響時，老師為了吸引學生注意，而大聲宣布「上課了」，當老師成功獲得學生關注，就可以恢復用一般的音量說話了。然而，故事中的阿布不只在會議中，就連在一般的社交場合中，也用很多話來填補空白。因此，除了尋求他人認同，阿布仍有其他的內在需求尚待滿足。

沒說出口的可能才是關鍵

注意和忽視是一體兩面。**我們在關注某個事物時，也容易忽略其他事物**，這是因為我們把注意力放在某件事上時，大腦會自動刪除其他干擾訊息。這就像我們在玩「威利在哪裡」的遊戲時，很自然就會把注意力放在尋找特徵與威利相符的人物，而忽略了圖片中的場景、道具、天氣等等訊息。

同樣的，**語言除了用來表達，也常常被用來掩飾內在的情緒**。因為當人在進行口語表達此種運用到大腦認知功能的活動時，會同時抑制大腦的情緒區域。情緒區域不活躍時，人比較感覺不到情緒，在心理上也就比較能夠否定某事的存在。

這是一種很常見的自我保護機制，可以避免當事人因為受到強烈情緒的衝擊而崩潰。這樣的自我保護機制也反映出，當事人尚未準備好面對某件事，或是還找不到適當的語言來表達，而阿布正是因為還無法面對被性騷擾所帶來的不安情緒，只好以大量的口語表達來掩飾情緒。換句話說，阿布以大量的口語，創造出自己沒有被性騷擾影響的假象，同時拉開自己和因性騷擾所引發的不安情緒間的距離，以滿足內在對安全感的需求。

讓人能夠面對事情的關鍵

回想一下，你通常在什麼狀態下比較能夠冷靜地面對事情？是獨處時？還是情緒受到接納時？被安心的人陪伴時？不被評價時？身體舒適時？有一段可自由進退的安全距離時？待在放鬆的環境時？……每個人能夠冷靜面對事情的條件可能不盡相同。

總括來說，**當一個人覺得身心安全，不會有被傷害的危險時，才能放鬆、冷**

靜下來，進而思考事件的經過。就像故事中的阿布透過男友的種種貼心舉動獲得安全感後，將受到性騷擾的經過表達出來。因此，想讓自己能夠冷靜地面對事情，就必須先創造出足夠的安全感，而選擇讓自己感到安心、舒適的環境，接觸真正關心自己的人，對自己說些能安頓身心的話，都是很好的方法。

在幫助他人時，除了可以用口語明確表達真誠的關懷，還可以加上傳遞同樣訊息的舉動，像是溫和的眼神、放鬆的姿態等等。你也可以藉助對方喜歡的顏色／圖像、聲音／音樂、香味、熱茶／咖啡、舒服的觸感、身體接觸，以及令其安心的對象等等，同時**減少不必要的刺激**，幫助對方創造安全感，冷靜下來。

運用非語言訊息照顧自我、陪伴他人

許多人常以為語言是尋求外界幫助，或用來陪伴他人的唯一媒介，但事實上，一個眼神、一抹微笑、一個手勢、一張貼圖等非語言訊息，也可以傳遞許多訊息。我們在日常生活中，其實也常在不知不覺間，以許多非語言訊息關心和照顧我們重視的人。

在其他章節中可以看到更多照顧自我的非語言方式，以下將從藝術治療的角度，分享以創作來照顧自己或陪伴他人時，可以著手的方向：

- **創作形式**：每個人都有偏好的創作形式，例如：著色畫、禪繞畫、和諧粉彩、水彩、AI繪圖、陶藝、雕塑、編織、布藝、插花……。選擇自己喜歡的形式，可以幫助自己跳脫創傷情境，專注在創作當中，並且在過程中看見自己有能力去創造、開創。
- **使用媒材**：熟悉和擅長的材料容易帶來安心的感覺，在創作時也較能夠自如地表達，不易感到挫折。新穎的材料則較容易激起人的好奇心，讓人留意使用媒材過程的感受。
- **允許自由選擇**：照顧和陪伴都是以需求者為主體的行為，因此，允許需要被照顧／被陪伴的人選擇想要使用的材料和創作形式，才能創造出安心、舒適的感覺。同理，在自我照顧的情境下，就是允許自己按照自己覺得自在的方式去選擇創作的媒材與形式。

- **允許自行詮釋：**作品產生後，不急著分析、詮釋，而是給予自己或被照顧／被陪伴者百分之百詮釋作品的自由。讓自己或對方擁有說或不說，說或不說什麼，以及在哪個時機以怎樣的方式表達的自由。

信任感的原點

人生中充滿了意外，出生則是每個人面臨的第一個重大意外。胎兒由一個幽暗、浮動、溫暖的地方，來到一個刺眼、冰冷、感覺有點無法呼吸的地方。他們最初的哭聲除了是在練習使用肺部呼吸，或許也是內心不安的極致展現。神奇的是，當寶寶被放到媽媽的懷裡時，大多會停止哭泣，因為熟悉的氣味、聲音以及輕柔的撫觸，會讓他們感到安心。

來到這個世上後，寶寶也會漸漸發現自己肚子餓或不舒服時只要放聲大哭，就會有人送上食物，或是幫他們排除身體上的不適感。就這樣日復一日，嬰兒感受到自己對周遭具有某種掌控力，逐漸開始相信這個環境會支持他的存在。

這個長大的過程提醒了我們，**建立信任感可以從熟悉的人、事、物開始，留意生活中可掌控的事物，然後一天一天地累積經驗**。我們可以從看見自己擁有對生活細節和事物的選擇權與掌控權，並得到預期的反饋，到與他人所做的約定被履行，慢慢地建立起對周遭人事物的信任感。

建立信任感可以這樣做

面對諸如地震、車禍、確診或是伴侶外遇等意外，都會或多或少破壞我們對所處環境的人、事、物的信任。性騷擾事件也是，尤其是來自熟人的性騷擾。性騷擾受害者被原本可以相信的人傷害，會開始懷疑自己的感覺和判斷能力，失去對人的信任感。

若你曾有類似的經驗，可以嘗試用以下作法，建立對人事物的信任感：

- **從維持生命的活動開始**：規律的作息會帶給人一種掌控感，讓人感覺到生活和生命的規則和秩序。例如：吃東西可以感覺到飽、足夠的睡眠會感到精神飽滿且有力氣等等。
- **做喜歡、熟悉或擅長的事**：做熟悉或擅長的事物會給人安全感，也容易讓人看見自己的能力。例如：幫自己煮一杯濃醇香的咖啡、搭配喜歡的穿著、去喜歡的餐廳、幫家人或朋友煮一頓豐盛的晚餐等等。
- **與讓自己安心的人做約定**：從讓自己安心的人開始，做些可承受的約定，例如：明早七點一起吃早餐、將雨傘借給對方等等。
- **允許退縮**：建立信任感的過程中，我們在學習的是拿捏分寸，因此難免會有意料之外的狀況發生，這些狀況可能來自於外界，也可能來自於自己。因此，允許自己可以在任何時間點退縮是很重要的過程，透過反覆的前進和後退，能夠幫助我們確認自己和他人目前可承受的界線。同時，反覆前進後退的經歷有助於我們思考自己真正想要的是什麼，也才能更堅定地踏出下一步。所以，允許自己像跳華爾滋一樣，有時前進，有時後退吧！

- **允許排除尚無法承受的刺激**：允許自己排除暫時還沒準備好要面對的刺激。在建立信任感的路上，不需要著急，更不需要跟別人比較，請依照自己的意願，掌控自己可以接受的步調。如果真的不小心遇到被勉強的情境，可以試著以沉默來拒絕。

在陪伴他人，幫助他們建立對周遭人事物的信任感時，則可以這樣做：

- **表達關懷，並允許當事人照著自己的步調前進**。在故事中，阿布的男友會主動關心，或反映阿布的客觀狀態（如：眼睛腫），但是不急著追問細節或反駁阿布的回答，而是等阿布願意主動開口談，就是很棒的作法。

- **鼓勵當事人做他們喜歡、擅長、熟悉或有興趣的事物**。當然，你也可以陪著當事人一起做，一起創造美好的新經驗。
- **與當事人有任何約定，請盡量說到做到**。有突發狀況，請務必盡早告知當事人，以免對方再次受挫。
- **徵得當事人允許後，給予一些肢體安撫**。拍一拍當事人的背、給他們一個擁抱，或是安靜地坐在一旁，都是表示與他們同在、允許情緒流動、「我懂，沒有關係」的一種展現。
- **允許當事人在前進的過程中，出現情緒擺盪和行為退縮**。

想一想

1. 回想你一天當中，有哪些事一定得做，不做就會覺得怪怪的？把這些事記錄下來，它們將成為你建立掌控感及信任感的重要來源。
2. 想一想，當你心情低落時，你會希望身旁的親友做什麼？說什麼？可以的話就寫下來，以備不時之需。

Chapter 6

為什麼世界這麼不友善？我不想待在這個地方——「如何安頓自己、接納現況」

開學至今才一個月，小方就已經蹺掉一半的課，因此他在老師的建議下來到學生輔導中心。

「這不是我想來的地方。」這是學生輔導中心柔柔老師第一次見到小方時，小方所說的話。小方討厭這裡的一切，但又無法逃離。

小方說：「我每天都不知道自己在做什麼。眼看就要期中考了，我知道自己應該讀書，但是就算我坐在書桌前，半個小時過去了，書還是在同一頁，我也沒看進幾行字！」

「你覺得問題出在哪裡呢？」柔柔老師問。

「不知道，我只知道我不喜歡班上同學的說話方式，他們都在故意找碴。我也討厭我的導師，他不應該強迫我參與班上的活動，我只是來上學的，幹嘛做那麼多其他的事情？學校上課的內容大概都聽得懂，但考試的時候我卻搞不懂裡面的題目是從哪裡出出來的?!如果這些讓人厭煩的事情全都消失，對我來說應該就是最好的安排。」小方回應。

「我知道你想叫我來上課，這我都懂，我也想來，但是上午的課我就是爬不起來，下午的課也會因為有的沒的原因錯過，像是花許多時間整理房間、上網亂逛、照顧我的狗。」

柔柔老師問：「家人知道你在學校不開心嗎？」

小方回應：「我不敢跟家人說。我高中時期也發生過類似的情況，每天都覺得上學很有壓力，同學之間很競爭，自己也擔心跟不上大家。老師跟爸媽都會鼓勵我，說我很有天分，但我聽了就感覺很有壓力。原本我還能跟得上課程內容，但突然有一天，我就變得無法去學校上課，就算去了學校，白天也一直昏睡，晚上才感覺比較有精神。爸媽也試著建議我讀書的方式，甚至帶我去看醫生、檢查身體。唉，但是都沒有用，我的高中簡直就是惡夢一場。我真的好討厭這樣的感覺，好像做什麼都沒有用。現在，我可能又要讓爸媽失望了。」

「你目前的狀況聽起來跟你高中時有些類似，為了避免這樣的情況持續下去，你有試著跟誰訴苦或討論嗎？」柔柔老師問道。

「有跟媽媽說，但是因為不想讓媽媽太擔心，我也只是簡單帶過，像是跟同學很不熟、老師上課的進度有點多、上課有點壓力之類的。媽媽也有試著安慰我，幫我打氣加油，有時也會給一些建議，例如去補習加強，當作考證照的先修班，或是考試前多花一點時間準備等等，但我就是覺得不對勁。這些方式我老早就想過，甚至試過好一陣子，但就是沒啥效果，我也不想去補習，我想要靠自己努力，我應該可以克服這些問題的……」小方愈說愈小聲。

「聽起來媽媽好像也沒能聽懂你的意思，給的建議也不是你想要的，然後與你互動的人還是不太友善。你已經不知道還能怎麼做了對嗎？」柔柔老師回應。

「應該吧！」小方回應。

小方說：「我爸媽雖然沒有明講，但是我知道他們都希望我念這個科系，這樣將來會有比較好的發展。這間學校也是我重考第三次才考上，我以為我可以在這裡讀到畢業，但沒想到同學說話的方式很苛薄，老師也一直要求我參與班級活動、學習課程內容太多。我真的快要撐不下去了，這裡真的是我該來的地方嗎？」

小方像是自言自語般說道。

「如果可以預知結果，你會期待些什麼呢？」柔柔老師問。

「我不知道，我只想知道這一切什麼時候會結束！」小方回應。

／

小方沒有如期每週前來晤談，又過了三週，柔柔老師才見到他。

「你還好嗎？」柔柔老師問。

「很不好，最近的生活一團亂。我每天睡覺的時間都不固定，有時很晚、有時很早，睡眠的品質愈來愈差。我有時隱約可以聽到寢室其他人下課回來的聲音，但我不想起來，因為我不想跟他們互動，怕他們問我『今天沒有課嗎？』，所以就繼續躺著。但是睡醒的時候就會很沮喪，會問自己『今天要去上課嗎？』，但是我又不想看到老師與同學的嘴臉，我也討厭看到同學打打鬧鬧，一副開心的樣子，好像只有我生活過得最糟糕。日子就這樣循環著，每天半夢半醒，醒來就想哭，這時我會催眠自己快點睡回去，這樣就什麼都不用管了。」小方哭喪著臉說。

「今天會來學校是因為我已經缺課太多天了，好像不能再這樣下去。說實話，今天出門前我也是掙扎好久才來的。」小方補充。

「這樣真的很辛苦，你是如何讓自己堅持住的呢？」柔柔老師問。

「我現在起床是為了我的狗，因為我得餵牠吃飯，陪牠玩一玩。萬一我的狗也變得跟我一樣，該怎麼辦？我已經變成這樣，我不希望牠也跟我一樣，所以我每兩、三天還是會帶牠去外面散散步，希望牠能開心一點。而我的狗也很貼心，牠都會守在我身旁，特別是我心情不好的時候。」小方說。

「聽起來，你的狗扮演了很重要的角色。當你的狗在你身邊時，你有什麼感覺呢？」柔柔老師問。

「我會感到很放心，不論我怎麼了，牠都能理解，陪在我旁邊。在牠旁邊，我有被信任的感覺，也會覺得自己至少有照顧好牠！」小方說。

「很難想像如果你的寵物不在你身邊的話，你會變成怎麼樣。」柔柔老師回應。

「我的寵物應該是目前最瞭解我的『人』吧！」小方苦笑回應。

「是啊，如果生活中有人可以這樣理解你、對待你就好了！」柔柔老師回應。

「我想邀請你持續依照目前的方式好好照顧自己的寵物，之後再告訴我有什麼不同，如何？」

「好啊，反正這也是我正在做的事情，應該沒有什麼問題吧！」小方回應。

／

又隔了幾週，小方前來找柔柔老師。

「我有聽老師的建議好好照顧我的寵物，每天跟牠講講話、餵牠吃飯、帶牠出去散步。我感覺我的生活沒有太大改變，但是心情有比較好一點，至少跟我的寵物在一起會比較舒服、放鬆一些。我有想過了，學校有些事情我好像可以試著做點什麼，其他做不到的，我就先放著。」小方說道。

「你有想到自己可以做些什麼，已經是很棒的第一步。我們先試著只做好一件事，也許之後其他事做起來就沒有那麼困難了。」柔柔老師鼓勵小方說道。

每個人在人生中都可能會有一些無能為力的時刻，也會懷疑自己到底在做什麼？可以做到什麼？如果任由負面想法不斷發酵，我們將難以脫身。在沮喪挫折的時刻，可以思考看看我們都用什麼樣的方式來詮釋、歸納自己所碰到的事件，並試著找出維持生活的動力與希望，就像故事中的小方透過與寵物建立連結，在困難的時刻找到一些安慰與支持。

習得無助可能會造成退縮、無法面對困境

美國心理學家塞利格曼（Martin Seligman）於一九七五年提出「習得無助感」的概念，他先將狗放在一個會遭受電擊的情境中，無論狗做出什麼反應都無法逃脫遭電擊的命運，之後再將狗放在另一個情境中，只要狗按下按鍵就可以中止電擊，但這時狗已經不願意再做任何嘗試或反抗。這是因為狗從先前的經驗學到「不論做什麼都無法改變結果」，因此，即便來到新的情境也放棄嘗試。

當然，人的行為表現會比實驗室裡的動物來得更加複雜。大多數人在面對眼前的任務時，通常會先預估自己的能力，並且訂下完成的標準，最後透過完成度給予自己回饋、評價，或做修正。我們可以看到幼兒就是透過這樣的過程修正行為、形成自我價值。

但隨著年紀增長，有些人可能會發現自己未必可以維持過去的表現。比如我們在國小階段可能有不錯的成績，但上了國、高中後，由於碰到更多厲害的同學，會漸漸發現自己的表現不像以前一樣突出。這時，有些人會選擇更加努力，以達到過往標準；有些人則是會自我調整，選擇較適合自己的路徑前進，獲得相應的成長與成就；但也有些人會選擇逃避挑戰，錯失自我驗證的機會。

故事中的小方遭遇了學業上的困難，儘管他已試著努力改變，但最後都沒能收到好的成效，於是只能以曠課的方式來逃避令他感到痛苦的壓力，甚至將問題歸咎於環境（同儕與師生相處），以說服自己「不是我的問題」、「我沒有那麼糟」，但這樣的方式並無法幫助他面對與跳脫困境。

自我貶抑導致無法接受他人的協助

長期受挫、求助無門，或無法獲得想要的協助的人，很容易陷入「低自尊」

的狀態。處在此種狀態的人在面對挑戰時，也容易出現自己無法勝任、註定失敗的想法，因此往往無法採取具體行動，也難以相信他人的協助會帶來轉機。他們也可能在他人想提供協助時，展現出「我不需要」、「我可以自己解決」的態度，以保有自尊，因為他人的善意，可能也會引發他們痛苦的感受。

當一個人長期對自我有較高的期待，現實中卻屢屢挫敗，並將周遭的人的關心或協助視為批評、施捨時，就會更容易陷入進退兩難的困境，也會造成自身的人際關係封閉，愈來愈無法承受環境的打擊與信賴身旁的人，就像故事中的小方一樣。

寵物的陪伴可以帶來平靜

面對生活中的挫折，最佳的處理方式就是先中斷上述思維，試著打斷不斷延伸的焦慮、痛苦、失控等感受，而與寵物相處就提供了我們獲得平靜的機會。

在生理上，與寵物互動、說話，輕撫牠們時，人們的血壓也會明顯降低。碰觸寵物毛髮也會帶來多樣的感官刺激與舒適感，而動物可愛的模樣也有助於轉移注意力、鬆弛緊繃的肌肉，增進想要與寵物互動的企圖。研究也證實，將寵物運用在治療年長者與精神病患時，能顯著改善他們的情緒。1

由於在與寵物互動時，我們通常會感到放鬆，心理防衛也會跟著降低，而試著將心裡的話對寵物說。寵物雖然不能以語言回應，我們卻能夠從牠們的眼神、動作或聲音，感覺受到回應、支持與接納，化解不被他人理解的難受。

另一方面，照顧寵物雖不能直接提升我們解決問題的能力，卻可以幫助我們在失控的生活中找到一些掌控感。就像故事中的小方雖然無法去上課，卻能透過照顧寵物療癒自己，獲得一些自我肯定，稍稍跳脫原先那個無法表達意見、無法做好事情（學習）的自我，讓自己回歸現實，不至於與外界完全脫節。

其他替代方案

如果你因為空間或經濟等等因素，無法養貓、狗等寵物，也可以選擇養魚、倉鼠、多肉植物等較不需要大空間、花費也較低的動植物。或者，你也可以用登山、賞鳥、參觀水生館來達到親近動植物的目的。多多親近動植物，可以得到以下益處：

- **緩和生理狀況：**例如放慢呼吸速度、舒展肌肉，感到不緊繃。
- **讓情緒平靜下來：**可以暫時抽離當下，忘卻原本的焦慮、痛苦等感受。
- **身心聚焦在當下：**在照顧動植物的過程中，有助於進入類似心流的狀態，讓你不會分心去想原本擔憂的事物。

能達到上述效果，就是好的自我照顧、轉移焦點的方式，並且還能帶來各種好處，例如紓解壓力、促進社交、認知訓練等，也能幫助我們提升自信，面對接下來的挑戰。

想一想

1. 面對困境時，你會有什麼感覺？對於那些想要提供你建議的人，你會怎麼回應他們呢？
2. 面對壓力、挫折時，你都用什麼方式處理自己的情緒，讓自己好過一些？
3. 試著每天寫下三件表現好的行為，以及三件感恩的事。堅持一段時間，看看你對自己的感受是否有什麼改變？

Chapter 7 想維持好我的家庭為什麼這麼難？——「重新排序生活角色、剛剛好就好」

佩霞與藝珍從高中時期就是閨密，兩人都喜愛電影、小說、音樂，進入大學後，雖不在同一縣市讀書，但也經常通電話、聯繫情感。大學畢業後，兩人因為各自有生活要忙，碰面的機會也愈來愈少。

這天，佩霞主動邀約了藝珍，藝珍也相當爽快地答應了。

「上次見面，應該是我們高中同學淑芳結婚的時候，對吧！」藝珍回憶起往日的時光說道。

「是啊，大家結婚之後好像都變得很忙碌，要約到大家都方便的時間也很困難……對了，我剛好有想看的電影，要不我們一起去看部電影吧？」佩霞說道。

「剛剛的電影真是令人感動，我也好久沒有這樣放鬆，好好看一部電影了！」藝珍說道。

「是啊，我很喜歡這部電影營造的感覺，主角的經歷讓我回想起我之前陷入低潮的狀態，可以好好跟著主角一起哭一哭，感覺很棒！我也覺得主角很勇敢，遇到這麼糟的事後還是可以做自己，我也很希望自己可以做出跟主角一樣的選擇，現在還在努力中啦！」佩霞回應。

「你之前怎麼了嗎？我以為你結婚之後，忙工作、家庭、照顧小孩，生活應該很充實呢！」藝珍問道。

佩霞皺著眉頭說：「說實話，去年我跟我先生處得不是太好。那時我以為他是為了升遷必須經常晚歸，或頻繁到各地出差，但有一次他在洗澡，手機亮了，我發現傳訊息來的人是我不認識的女人，而且對話的內容非常曖昧。我當下沒有立刻質問他，但後來我實在忍不住了，直接跟他攤牌，他才承認在外面認識一個女人，已經交往幾個月了……

「最初我連續失眠了好幾晚，躺在床上試著想入睡，腦袋卻停不下來，看著睡著的先生，心中有很多的怒氣，甚至有好幾晚我是一直在客廳待到深夜才進房間，因為我不想看到他。

「你知道，我很重視家庭，也盡力打理家中的大小事，上班前送孩子上學，再急急忙忙趕到公司，下午又得趕著去接補習班放學的孩子。面對這樣來回奔波的生活，我曾經考慮是否乾脆辭職專心照顧孩子，但家裡還有貸款要還，而且我先生也支持我，不需要為了家庭放棄自己的事業，所以最後我還是決定兩者兼顧。

「每天睡不著覺的時候我都在想這些，我是多麼努力想扮演好媽媽的角色，深怕有些許鬆懈，之後就得花更多的時間去彌補孩子！哎～生活的大小事都追著自己跑，沒想到我先生竟然做出這樣的事情來！」

「哎，當初你怎麼不找我呢？我可以幫你出主意啊！或至少可以讓你吐吐苦水！身為好姊妹，我竟然現在才知道你發生這些事！」藝珍回應。

「說實在的，我有想過要找你聊聊，但是我實在不知道怎麼開口跟你說這些事，很怕你會用異樣的眼光看我。可能是覺得不應該好姊妹見面就講這些吧……那陣子，我整天像是被掏空一樣，常常恍神，什麼事都做不好，我同事應該也都覺得我怪怪的，很多原本不需要花力氣就能做好的事情，突然就變得困難重重，不是忘東忘西，就是拖拖拉拉，為此我也沒有少被主管唸……」佩霞說道。

「我每天腦中都是先生外遇的畫面，一整天疑神疑鬼的，事情當然做不好！有時我還會搞錯接小孩的時間，真是糟透了！」佩霞露出有點厭惡的眼神說道。

「那段時間我很容易發怒，看很多事情都不順眼，好像全世界都欠我，委屈了我的同事與小孩！」

「真希望可以好好抱抱當時的你！」藝珍回應。

「因為怕小孩、同事看到我因為情緒低落而哭泣，我有一段時間都躲躲藏藏的，也不希望大家問我怎麼了，後來我找到一個很不錯的方法，就是找一部很好哭的電影或影集來看。空閒的時候，我就隨便找一部影集播放，我也搞不清楚自己是在看，還是在放空、想對策。總之，影集播放的時候，我就開始為自己療傷！就算當下有人發現我在哭，比如我的孩子，我都可以用『剛剛的影片真的很感人，所以我才會流眼淚』這種冠冕堂皇的理由來搪塞……這樣我就不需要認真回應其他人我為什麼在哭，總之我就跟著劇中人物一起哭。」佩霞微笑說道。

「心情不好、想哭的時候，可以跟著影片主角一起傷心流淚，這方法真是不錯耶！」藝珍回應。

佩霞喝了口咖啡，繼續說：「你知道嗎？有時我看到劇中人物身處社會底層都如此掙扎求生，有的甚至已經家破人亡，或是得連夜搬家躲避債主，我想想我的情況好像也沒有他們那麼慘烈，心情就覺得好一點。」佩霞若有所思地說道。

「有時，我也會覺得主角們就像是在對我說話一樣，我聽著聽著就好像被點醒了，原來有些事情放在人生的長河中是那麼微不足道，沒必要那麼鑽牛角尖，也就沒有那麼悲傷、那麼絕望了。雖然我也知道那只是一齣戲，裡面的角色也並非真實人物，也不是真的在對我說話。」佩霞像是一口氣說完埋在心裡已久的話似的。

「幸好之前你就喜歡看各類型的電影、影集，在你情緒低落時，可以有這些『朋友』陪伴你。雖然你第一時間沒有找我聊一聊，但還是可以接受啦，畢竟你有你的考量，發生這樣的事情你也不好開口。」藝珍說道。

「現在我還是維持跟先生的關係，他也承諾我不再與對方聯繫，也有多花一點心力在這個家跟小孩身上。但我也有點清醒了吧，我一樣愛這個家，但也開始更注意自己，多花一些心思在自己身上，畢竟我不想再回到去年那種糟糕的狀態，也不願意跟去年一樣由他人來主宰我的生活、我的情緒。」佩霞透露出堅定的眼神說道。

隨著年齡增長，我們所扮演的角色也愈漸多元，若不仔細反思各種角色的任務與界線，而只是依循社會所訂下的標準，疲於應付的結果恐怕會對自己造成巨烈的身心影響。

但這類經驗也可能是幫助我們檢視人生、重新開始的契機，就如同故事中，先生的外遇對佩霞帶來巨大衝擊，但她藉由電影、戲劇中的角色陪伴自己，重新檢視自身多重角色間的平衡，獲得新的視野。

角色間的衝突與調配

角色認同指的是一個人的態度及行為與其應扮演的角色一致，例如：認同好學生的角色，會試著努力讀書；身為父母，會努力照顧家庭、照顧子女等。每個人在每個階段都可能同時扮演著多種角色，例如我們在婚後會多了夫妻、父母的身分，在執行各種角色的任務時，難免也會遇到困難，角色之間也可能會發生相互排擠、難以兼顧的狀況。就像故事中的佩霞進入婚姻後，多了人妻、人母的角色，逐漸因工作與家庭兩頭燒而失去自己，經歷了角色認同危機。

陷入認同危機的人一開始常會出現無法接受的反應，也會因為擔心他人眼光，或是不願意讓人感覺自己軟弱無助、害怕面對他人的詢問，而無法向他人傾訴。此時，他們需要一段時間重新整合自己，調整角色的優先順序，讓自己重新與生活、事件連結。就像佩霞在沉澱一陣子後才能重新出發，甚至回過頭找以前的閨密聚會，這些都是重新定位好自我角色的表現。

在日常生活中，我們透過執行多重角色的責任、義務，得到滿足感與成就感。然而，當突發事件導致我們必須在各角色間做出調整時，我們就需要依據角色的重要性與意義，試著做出改變或取捨，而不是堅守著社會對於各種角色的刻板要求。

藉由戲劇看見其他出口

當我們感覺煩悶、生活被卡住時，可以透過觀賞戲劇，看見劇中人物所做的各種選擇，像是面對破碎的婚姻時，有些角色是如何做出結束婚姻的選擇，找到新的生活；或是如何選擇留在婚姻中，修補與另一半的關係，重建破裂的家庭；或是選擇漠視，各自過各自的生活。我們並非是要依樣畫葫蘆在現實生活中選擇其中一種方式執行，而是可以透過劇中的角色更加貼近自己的感受。

此外，我們也可以**將自我的情感投射在角色身上，同時保有一定的距離，安全地進行反思**。尤其是戲劇中發生的情節與我們當下的生活狀況雷同時，我們可以透過劇中的角色，重新經歷一次類似的事件與感受，透過代入那些角色人物，把內心的感受說出來，或甚至勇敢地完成我們所不敢做的事。儘管戲劇結束後我們仍需回歸現實生活，無法免除過去所受到的傷害，或完成未能實現的夢想，卻能在心中留下一股暖意，感受到自己被理解了。

電影、影集的挑選方式

你會有興趣或是過去曾經看過的電影、影集中所出現的角色，都可能呈現出你所在意的人格特質、價值觀等等。你也能從劇情中發現自己不擅長面對的事物，例如親人死亡、好友背叛、職場的險惡、夫妻關係等。透過這樣的探索，也許可以幫助你更加認識自己，以及如何透過故事、電影來照顧自己的感受。

如果你平常已經有看電影、影集的習慣，那麼你可能已經有一套自己的選片邏輯。這時你可以依照以下幾種方式，將你平常觀看的影片做個簡單分類，利用閒暇時間觀看，或先備好在某種特別的情緒下可以觀看的片單，在需要時觀看。

- **依照主題：**親子關係、戀愛關係、家人過世、旅行、職場人際、宮廷鬥爭、冒險等。
- **依照演員：**可以定期搜集你所喜歡的演員出演的影集、劇場表演等，並做類型的分類。

- **依照影評**：透過影評人或網民票選也可以找到不錯的電影、影集。

如果你平常沒有追劇的習慣，也沒有特別追蹤某位演員或特別關注某類劇情，建議你可以嘗試用以下方式來選片：

- 稍微整理你平常關注的新聞或報導，可以找到你對某種議題的興趣與好奇。
- 注意你平常在網路，或是IG、抖音、小紅書、臉書等社群媒體上時，容易被哪一類訊息、影片吸引，也許它們正是你有興趣的主題。
- 不一定非得是影集或電影，你也可以選擇紀錄片，或是某位你喜愛的主持人所主持的節目。
- 若是覺得電影、影集的觀看時間過長，也可以考慮一些動畫短片，有些動畫短片的片長不長，卻也能夠精準地傳遞創作者想要探討的某些議題。

- 不一定要找新上片的電影或影集，有時帶著某種目的二刷、三刷某些影片，也可以在觀影當下讓自己的感受獲得宣洩，或是找到新的意義。

想一想

1. 你平常都看什麼樣的電影或影集？看完之後，你又有些什麼樣的感受呢？
2. 透過觀看他人的故事，對你的生活會產生什麼樣的影響？
3. 除了電影、影集，你還可以找到哪些戲劇演出來宣洩情緒？

Chapter 8

我是不是做錯了什麼？——「藉由自由書寫整理無法歸因的情緒」

「第十次?!」小淳驚叫了一聲。

「噓……」蘿倫用手指比嘴唇示意小淳小聲點。

蘿倫和小淳是國中好友，斷斷續續地有聯絡，不知不覺兩人都已出社會工作好些年，他們平常大多在社群平台上互動，有時私訊、吐吐生活上的苦水，久久才見上一面。這週小淳剛好到台北出差，跟蘿倫約見面，才知道蘿倫近幾年跟先生嘗試做了好幾次試管嬰兒。

「我真的很佩服你的勇氣，還有你們的財力！」小淳邊說邊用手比讚。

「沒有啦，就我跟先生一直想要小孩，其實有次差點成功，但就流掉了……我們也有討論過不然去領養小孩好了，但我婆婆不答應，她覺得幹嘛幫別人養孩子。我跟我先生也因為生孩子的事吵過不知多少次，我想到他只會叫我要放輕鬆、『順其自然』的那個態度就很火大，明明就是他常工作忙到無法配合療程，我們才會到現在還生不出孩子……唉，算了，不談這些了，談到就難過。講講你的事啦，我們那麼久沒見面，你最近都在忙什麼？事業做很大喔？」蘿倫這樣回，似乎是想打起精神跟同學聚會。

小淳跟蘿倫聊起自己跟國中好友的近況，在分享時也讀出了蘿倫眼神中的失落。

／

時間飛逝，小淳就要去搭高鐵回南部了。蘿倫送小淳到剪票口，離去前，小淳送了一本小記事本給她。

「我上個月剛好去日本出差，帶了一個小禮物要送你，幸好有想起來。我們國中那時候不是流行過心情日記？我們好像還有用彩色筆來寫？」小淳說。

「對耶！我想起來了，那時我們都在那本日記本裡寫哪個男生很帥、哪個老師很奇怪……」蘿倫笑著說。

「我在日本看到這本小本子時，好多回憶都湧上來了。送你，如果你有什麼心情，就寫在裡面吧！」

「哈哈哈，拜託，你老派喔！什麼年代了，還在小本子上寫心情?!」蘿倫邊開玩笑邊開心地收下，也目送小淳離去。蘿倫坐捷運回家路上，邊摸著以美麗和紙製作的記事本封面、看著上頭的圖案，邊放空思緒，因為蘿倫知道，待會回到家，還得面對婆婆關切怎麼晚回家、今天有沒有喝中藥湯等等問題……

／

「第十次了……」蘿倫的月經來了，又要再經歷一輪的打針、吃藥、算日期。

蘿倫心裡有好多情緒，但沒有時間整理。這時她恍惚聽到婦產科醫生說：「沒關係，再努力一次，有試有機會。你跟先生都四十了，時間不多了，一定要繼續努力！」

「然後呢？你只會說這些？什麼再努力?!又不是你要挨那麼多針！又不是你要吃那一大堆藥！什麼叫沒關係?!」薩倫突然大吼，回神才驚覺自己是在診間，醫生和護理師都嚇了一大跳，薩倫自己更是驚慌，一下子不知如何是好，只能漲紅著臉，拿著包包快速走出診間。

薩倫好不容易離開了醫院大樓，不想那麼早回去面對婆婆，但一時又想不到可以去哪裡，就決定像之前下班時偶爾用走的回家，雖然也擔心婆婆可能還在等她回去報告今天看診的情況，但她突然覺得管不了那麼多了，她現在就是想要透透氣、轉換心情。

薩倫戴著耳機聽著喜歡的音樂，邁開步伐大步沿著熟悉的路走。走著走著，薩倫覺得呼吸開始喘了一些，心裡好像也沒有剛才那麼混亂了，情緒隨著走路一點一滴地緩和下來。

薩倫突然想起好多回憶，想起國中時跟小淳在校園遊蕩的時光、一起騎腳踏車環島的夏天，想起自己包包一背就出國旅行的自由，也想起自己肚子裡曾經有過的小生命，當時還開心地為他取了小名。蘿倫常常會想，如果當初自己再小心一點，是不是就可以保住他，也一直想不通為何會發生這些事……

走著走著，蘿倫覺得自己從來沒機會好好消化與表達心裡常常出現的自責、失望、挫折等情緒，自己好像想找人聊聊，卻又遲遲無法跟別人開口。蘿倫也感到疲累，覺得心裡好多聲音反覆地出現，覺得自己好失敗，怎麼會一直沒辦法懷孕？是自己沒做到什麼，還是做錯了麼？這些聲音與感受就一直埋在心裡。

蘿倫走進沿途的一間超商，坐在裡面將這些困惑與感受，用一則又一則長長的Line訊息傳給了小淳。

「你從來就沒有做錯什麼啊！胚胎萎縮了、流掉了，都不是你做錯了什麼，或沒有做到什麼，可能就是自然發生的……對了，你可以像國中那樣，把想對那個來不及來到世上的孩子說的心裡話寫在心情本子裡，不用擔心被發現。那個未出世的孩子，也曾經是你人生的一部分啊，不一定要逼自己放下或忘記。」小淳的訊息寫道。

蘿倫看著小淳的訊息，眼前模糊了起來。

「OK，」蘿倫送出了一個可愛小孩的貼圖。蘿倫在超商隨意買了一枝筆，拿出包包裡小淳那天送的本子，開始寫下那些埋在心裡的話，對自己的、對先生的、對未出世的小孩的。此刻，她覺得所有複雜的情緒、那些藏在心裡的聲音好像被理解了一點，而剛剛走路的每一步，也像給了她一些力量，可以來整理這些心情。

我們因為失落事件而出現強烈情緒反應時，常會反射性地先想「我怎麼會這樣？」、「我是哪邊出了問題？」，甚至腦補劇情，導致內心充斥紛亂的想法與感受，因而覺得被卡住，也常以為只要找出原因，結果就會有所不同。然而，我們這麼做的原因，其實只是希望獲得對變化的掌控感，但也因此更容易陷入情緒的漩渦。

情緒爆發的原因

生活中充滿不確定性或難以掌控的事件，容易讓我們累積各種情緒，並且在談到相關話題時有較大的情緒波動。此外，若我們在談到這些事件卻無法被他人理解或接納時，久而久之我們也會將內心渴望被瞭解的情緒和需求一起壓抑下來。就像故事裡的蘿倫面對一次又一次的試管療程，累積了疲累、煩躁、自責、內疚、不安、焦慮等等情緒，使得她跟先生談到孩子的話題屢屢起衝突，進而影響她後續再談的意願。

當我們經歷人事物的失去、感覺被剝奪，內心的情緒與背後的需求無法被理解或接納時，通常最直接的反應是感到生氣，因為**「生氣」對我們來說是比較容**

易表達的情緒，也會因此獲得關注，或是將事情的焦點轉向外界，以便隱藏自己更深層的情緒與需求。

生氣的情緒也會隱藏在：「往內責怪自己」（如：感覺內疚、檢討自己），或是「往外指責他人」（如：「都是別人的錯」、尋找「代罪羔羊」）。就像故事裡蘿倫（向內）不停地反省是不是自己做錯了或沒做些什麼，才會屢次流產，或是（向外）責怪先生常常無法配合進行療程，他們才會到現在還沒辦法順利有孩子。

在想法與感受不被理解或遭到忽略、情緒與壓力難以紓解，或界線遭到侵犯、破壞的情況下（例如故事裡，蘿倫的婆婆一直很關心她去醫院回診的情況，看起來雖是「好意」、「關心」，卻可能已經越過蘿倫的界線，對她造成壓力），當相同的狀況再次發生，當事人就容易因為壓力超過負荷，而做出衝動化的反應，以便保護自己，就像故事裡蘿倫因做試管療程屢次失敗，而當著醫生與護理師的面突然大吼出來。

面對內在情緒，才能放下、往前走

我們對未來會有各種美好的盼望或想像，然而當情況不如預期，這類的盼望或想像往往會阻礙我們活在當下，讓我們感到「無法接受」，納悶「為什麼會這樣？」」，覺得「卡住了」、「怎麼樣都不對」。

情緒是演化而來的身體反應，讓人們可以避開危險、存活下來，或是透過同理心來理解別人、互相幫助。因此，我們也可以將面對失落時所感受到的悲傷、生氣等情緒，視為是幫助我們適應新變動的自然反應。[1]

在這樣的調適過程中，我們需要有空間、時間來「消化」、「表達」、「哀悼」想像或期待的落空，面對人生的現實與真實。我們無法創造或改變「過去」，但我們能從「現在」開始選擇「未來」想前進的方向。也**只有當我們看見傷痛、願意哀悼失落，我們才有機會放下否認、逃避談論等防衛，接納、了解自己的真實需求。**

有些人可能以為「不去想起」、「不再提起」，或是「遺忘」失落事件，才能「放下」、才能「往前走」。但近來的研究發現，找到方式與失去的人事物有所連結，比如允許自己想念、談論、整理回憶、收藏相關物品等，也是失落復原歷程裡重要的一環。2

就像故事裡小淳鼓勵蘿倫無須強迫自己忘記，而是可以透過書寫與來不及見面的孩子保有連結，整理自己需要表達出來的感受。如此一來，這份記憶會成為蘿倫人生的一部分，即使後續想起或夢見孩子，也不會阻礙她繼續投入生活。3

動起來有助跳出思考迴圈

碰到困境時，我們常會透過「自己是否還有哪些部分沒做好」這類的檢討，整理、反思問題的根源，以便未來碰到類似的情況時不再重蹈覆轍。但人生中無法受我們掌控的事物和問題何其多，我們也容易因此產生焦慮，陷入反覆思考、鑽牛角尖的情況。上述反應正是心理學所說的「反芻思考」（rumination）4。

就短期而言，這樣的思考確實會收到成效，讓我們得到一定程度的掌控感，但若長期處在這樣的思考迴圈中，反而更容易讓我們糾結於獲得解答，或深陷情緒泥淖無法自拔。

因此，當你留意到自己又卡在同樣的思緒時，請從「身體」為出發點，透過起身去喝杯水、伸展一下身體等簡單、立即可行的活動，來轉移注意力，讓大腦休息一下。5

從書寫鬆動、整理複雜的情緒

我們可能都曾碰過心事重重卻不知道可以跟誰傾訴的時候，或者好不容易鼓起勇氣跟親朋好友說了，對方給的意見或建議卻反而讓我們感到更加鬱悶，或是好像還要負擔別人的好意，或照顧別人的心情。

這時，書寫反而能為我們創造一個空間，讓我們在抒發情緒的同時也能保有隱私，無須擔心別人的看法。而透過手將繁雜的思緒和心情寫下來或打出來（輸出），也能讓我們在觀察自己的內心時保有一定的距離，增加安全感。**書寫的重點不在寫出解決方法，而在於我們可以藉此整理自己的內在空間，連結與信任當中的聲音。**

找一本喜歡的本子、一枝筆來書寫，或是你習慣用鍵盤打字也可以。如果你不方便或不習慣用手寫或打字，也可以試試用錄音的方式。在《心靈寫作》一書中，作者娜妲莉．高柏（Natalie Goldberg）分享過幾個自由書寫的原則：

- 自行設定書寫時間，比如十分鐘，在這段時間裡，想到什麼就寫什麼，不停止地寫。
- 不多加思考，不用擔心文意是否通順、有沒有意義、前後句子有沒有連貫。

- 不用擔心字寫得好不好看，是否超出格線。
- 不急著刪除，就算寫出來的不是原本打算寫的東西。
- 不急著重讀，因為等書寫累積到一個階段時，比如整本筆記本快寫完時才回頭去看，反而更有機會發現自己想法和心情的足跡與變化歷程。

當你不知道如何下筆，可以試試以下的起始句：

- **有關當下的感覺**：「我喜歡……」、「我討厭……」、「我聽見……」、「我看見……」。
- **有關記憶**：「我記得……」、「那個時候……」、「如果可以再回到那天……」。
- **其他**：「其實我真正想說的是……」、「自從……事情……」。

想一想

1. 難過哭泣時，你通常會有什麼反應？是覺得自己怎麼會哭？覺得自己不勇敢？覺得哭沒有用、很丟臉？或是會對旁人說對不起？
2. 回想看看，上次你陷入情緒漩渦時，是如何照顧自己的？你是怎麼發現自己卡在反覆思考中的？
3. 找找看，你還有其他可以引導自己自由書寫的起始句嗎？

Chapter 9
能做的都做了，我還能怎麼辦？——在創作中經驗、表達和實驗

「好了，點滴開始滴了。如果有什麼不舒服要跟我說。」護理師說完，走出病房。

藍先生將視線由點滴移到了太太毫無表情的臉上，鬆開緊握到指節發白的雙手，擦了擦褲子兩側，走到太太的病床畔。

「有什麼感覺嗎？」藍先生邊問，邊伸出微顫的手幫太太整理棉被。

「哪有什麼不舒服，每次不都是這樣。最後一次了，打完就不用再打了。」藍太太的視線一直盯著電視。

藍先生似乎還想說些什麼，但是看到太太不再說話，他只好坐回陪病床上，跟著一起望向電視。不一會兒，藍先生好像想到什麼，起身開始重新排列側櫃上的熱水壺、眼鏡、衛生紙、手機、原子筆和衛教單……

女兒帶著食物走進病房說：「媽，我買了妳最愛吃的那家牛肉麵，給妳補血。」

藍太太坐起身，對著先生說：「等一下，你吃完飯就去妹妹家睡吧！你在這裡也睡不好。」

「對呀！媽交給我就好。爸，你回去看看我家那個臭小子在搞什麼，叫他記得把家裡清乾淨。」

藍先生努力控制著顫抖的雙手，將牛肉麵準確地倒在碗裡給太太、女兒和自己。

「阿公，你來了。阿媽還好嗎？最後一次化療都順利嗎？」外孫連珠炮似的詢問。

「也不知道會不會順利，醫生只有說如果效果不好，就要換藥。」

「沒問題的啦！前幾次化療反應不是都不錯嗎？」

「可是第一次做的時候，你阿媽在家裡昏倒了耶！在地上躺到我運動回來，才把她叫醒。嚇死我了。如果你阿媽就這樣過去了，我……我也……」

「沒事啦！你不要想太多了。我們像照顧皇太后一樣在照顧阿媽，營養品買一堆，每餐都煮有機無毒的給阿媽吃，只要阿媽想吃，再遠都去買，只要阿媽精神好就陪她出去走走，身心都顧到了。阿媽一定會順利過關。」

「就是因為想到的都做了，可是醫生只說我們再看看、再看看。我真不知道我還可以做什麼？好像我做什麼都沒用。」藍先生的語氣透露出許多的不確定感、無助和羞愧。

藍先生頹坐在沙發上，打開電視，但是視線很快就從電視移到地面。不管電視畫面如何閃動，藍先生就像雕像般坐在沙發上。不知道過了多久，藍先生像是從宇宙的盡頭又回到地球，站起來說：「我還是去醫院陪你阿媽好了。看看還有什麼我能做的。」

「阿公，你不要去醫院啦！你去醫院，我媽就會回來了。阿公，你來幫我啦！」孫子叫住藍先生。

「大藝術家在做的事情，我不會啦。」

「很簡單，你一定做得到。你看……」

藍先生看著外孫把好多顏色倒進一個罐子裡，然後把畫布放在罐子上，突然快速地翻轉過來，變成罐子倒扣在畫布上。藍先生緊張了一下，眼光死盯著罐子和畫布的交接處。這時，孫子把罐子拿起來，顏料突然在畫面上蔓延開來。藍先生「哎呀！」一聲，看著顏料像是在畫面上迷路了一般，有的往左，有的往右，有的往前移動後又退回來。接下來，孫子用手捧起畫布甩動，讓畫布像海浪般起伏上下，看似失控四散的顏色開始回應著孫子手部的上下擺動。顏料就這樣起伏流洩，藍先生都看得入迷了。

「很簡單吧！阿公，你也來做一個。」

「我不會啦！」

「你可以的，我幫你準備，不會失敗，保證會很美。」

藍先生照著孫子的指示一步步地加進不同顏色的顏料，然後一個反手，顏料在畫布上向四面八方滑開。藍先生發出驚呼，慌張地捧起畫布，想把顏料留在畫布上。可是顧了這邊，顏料就往另一邊衝……

「哎唷！怎麼會這樣。怎麼辦啦！我就說我不會。」

「阿公，不用緊張，你做得很好。就是這樣。你要它往哪裡流，那邊就放低一點。」

「這樣亂七八糟的可以嗎？」

「可以的！你做得很好。你看那些顏色，是不是很像在跟你跳雙人舞。阿公，就像你跟阿媽一起跳國標舞那樣，你要帶領顏料在畫布上轉圈圈，你看是不是很美？」

藍先生看著五顏六色的顏料，從原本的恣意蔓延，變成似乎開始聽他的指揮而流動；然後，有幾種不聽話的顏料又流向意料之外的方向。藍先生不停地擺動著畫布。雖然有點手忙腳亂，可是那些往各方向流動的顏料卻呈現出令人驚喜的樣貌。「啊！好像天上的星雲，又好像海浪……好美！」藍先生腦海裡浮現了這句話。

這一夜，藍先生做了一個夢。夢中，他和藍太太從舞池一路跳到星雲間。兩人互望的眼神中帶著滿滿的愛意和笑意。

幾天後，藍太太完成了最後一次化療。

隨著日子一天一天地過去，藍太太還是很常感到疲累，藍先生手上也總是掛著一件太太的針織外套。慢慢地，藍先生晚上醒來察看太太狀況的次數減少了，直到月曆上出現「回診」二字。

藍先生彷彿遭到雷擊一般，感覺心臟停了幾拍。藍先生希望能聽到醫生說太太的狀況好轉了，但是又害怕醫生告訴他太太的化療結果不如預期，緊張到每小時都要問藍太太需要什麼？他可以做些什麼？藍太太被煩到不准他陪同就醫。

藍先生覺得自己好像無用的人，只能去女兒家等著。

外孫回到家，打開燈，赫然發現藍先生坐在沙發上。「阿公，你要嚇死人啦！怎麼不開燈？」外孫埋怨道。

「你回來啦！」藍先生回應著，但是身體和目光紋絲不動。

孫子將上回的作品拿出來，放到藍先生眼前。藍先生看著眼前既熟悉卻又陌生的畫面。

「好美，這是我做的嗎？」藍先生心想，表情透露出不可置信。

藍先生想起了在畫布上亂竄的顏料，拿著畫布的手變得小心謹慎，深怕一個顫動，顏料又會傾洩而下。

「安心啦！都乾了，不會再流了。」外孫將藍先生的小心翼翼看在眼裡。

「要再玩一次嗎？」外孫問。

「這次要做什麼？」藍先生問。

「想怎麼玩，就怎麼玩囉！這樣才會有意料之外的美呀！」外孫邊說邊把材料遞給藍先生。

隨著太太每次回診追蹤，藍先生的作品逐漸累積。家裡開始堆起顏料、畫布、木板、水彩紙、各式器皿等等材料。藍先生還是不時會因為太太的身體狀況變化感到無能為力，只是，他發現無法掌控的感覺不再都是讓他感到恐怖，有時候竟也覺得那種感受帶點俏皮感；有時候又像是打翻的紅酒，在白色的桌巾上暈染開來；有時候又像是剛把衣服晾出去，就聽見雨滴從屋簷往下掉，發出咚咚咚的聲響；有時候又像是莽撞地衝進樹林，正因為找不到出路而發慌時，眼前卻突然冒出一大片紫藤花海……

藍太太在社交軟體上炫耀著藍先生的作品，也跟藍先生分享大家的讚賞和肯定。偶爾，她也跟著一起玩顏料，兩個人像是回到年輕時瘋狂玩鬧的模樣。

一段日子過去了，藍太太又開始嫌藍先生的鼾聲擾人清夢了。

生命的歷程總是充滿許多不確定；這樣的不確定性帶來了生命最美好的禮物——可能性。當我們懷抱著一線希望時，勢必無法迴避失望的可能。面對力所能及的界限時，是不是可以允許自己花一些時間，學習接受生命中無可奈何之事？是不是可以允許自己嘗試用新的角度看待生命中的必然？是不是可以允許自己發揮天外飛來一筆的創意，找出在這場充滿酸甜苦辣的生命盛宴中，適合呈現苦味的菜色？

面對家人逝去，家屬也會經歷悲傷五階段

生死學大師伊莉莎白．庫柏勒—羅絲（Elisabeth Kübler-Ross）研究臨終病人的心理歷程，提出了「悲傷的五個階段」（The Five Stages of Grief）論點，包括：

否認與孤立、憤怒、討價還價、沮喪、接受。這五個階段是描述人面對自身死亡即將到來的心理反應過程，然而臨床發現，陪伴的家屬也同樣會經歷這五階段的歷程。[1]

(1) **否認與孤立**：否認與疾病相關的事實，切開自身與疾病的關聯，是我們面對重大的意外訊息最直覺的第一個反應。**否認並不是單純為了否定事實的存在，更多是為了不讓自己的情緒崩潰**。這是因為大腦在巨大的衝擊下，還無法理解發生了什麼事，因此，否認階段是讓我們透過搜集更多的訊息或證據，來消化和理解事件內涵的重要階段。

家屬在此階段常見的否認反應包括：「他平常都那麼養生，不可能會生病。」、「要生病也應該是又菸又酒的我才對。」、「少開玩笑了，這不是真的。」

(2) **憤怒**：當事實的存在無法再被否認或忽略，無法閃躲也難以忍受時，憤怒的情緒會自然地升起，也會開始出現怨天怨地和怨自己的反應。此時，強大的情緒壓力會讓我們想要找個出口釋放壓力，我們會開始**用各種口語和非口語的表達來與他人建立連結，以便獲得安慰、理解和幫助**。

在這個階段，家屬常見的想法是：「都是我的錯，要是我願意多做一些，不要讓他那麼辛苦，他就不會累倒了。」、「老天爺太不公平了，他平時做那麼多善事還要被懲罰。」

(3)**討價還價**：當我們稍微冷靜下來時，會開始想採取行動來減輕衝擊、改善現況，或延遲不想要的情況發生的時間點。此時，家屬可能會開始搜集各種專家和過來人的意見，為生病的家人安排更健康的生活方式，購買許多有益健康的營養品，尋求醫療、心理或宗教力量的協助等等。

在這個階段，家屬常出現的想法包括：「只要他能好起來，我什麼都願意做。」、「請把我的壽命折給他。」、「請讓他至少活到我的孩子出生。」

在種種的嘗試過程中，我們將漸漸體會出自己的能力及限制。

(4)**沮喪**：當我們體會到失落事件的無法迴避，也瞭解努力的有限性，我們會再一次經驗到痛苦扎扎實實地刺在心上。我們會感受到自己的渺小、脆弱、無助和羞愧，並開始將注意力轉移到內在世界，減少與外界的互動。此時，家屬可能會認為：「我連自己的太太都救不活，我還算什麼丈夫。」、「反正都要死了，還管這些幹嘛。」、「他活不了，我也不要活了。」這是最艱難的一個階段，我們開始剝去華麗的包裝，探索內心與所愛者的關係本質。

故事中的藍先生的言行表現，正符合人們處在沮喪階段的特徵。因為做了許多的努力，醫生仍然沒能給予肯定的回應，讓藍先生覺得一切的努力好像沒有用，覺得自己很糟、很無能，甚至出現想跟太太一起去的想法。

(5)**接受**：**接受並不是再也感受不到悲傷，或不會再想起失落事件，而是我們不再抗拒眼前的事實**，不再一味相信人定勝天，或有嘗試就會有所改變。我們接受事實，接受並傾聽心中的悲傷和懊悔，瞭解到人生無常，覺察到我們與家人關係的本質，並試著活出新的關係樣貌。此時，家屬心中的想法可能是：「我們現在還在一起是最重要的事。」、「你沒有完成的事，就交給我來完成吧！」

臨床上發現，上述五個階段不一定會依序出現，有時可能會跳著呈現，且每個階段所需的時間也都因人而異。隨著我們體會到每個階段存在的價值後，我們的人生也逐步向前邁進。故事中處在沮喪階段的藍先生，因為創作得以用全新的方式和視角，經驗和表達妻子罹癌後的各種感受，更進一步將感受轉化為成就感的來源，幫助他進入最後一個階段——接受。

創作是真實人生的實驗場

創作的最終呈現是創作者和作品互動的結果。創作是有生命的，創作者只能影響創作，但是無法完全掌控作品最後的樣貌。

創作的過程中，我們以自己的方式試著將心中的想法或情緒呈現在創作中；當我們看到、聽到、感受到自己的嘗試時，大腦會立即檢視這項嘗試，並思考是否要放棄、調整作法，或是進一步延伸探索，直到自己覺得夠了、可以了為止。作品最終的樣貌可能會接近你原先預想的藍圖，但大多數時候，經常會出忽你的意料。

故事中，藍先生因為孫子的關係嘗試了流動畫的創作。他藉由自身的動作和顏料的流動性，共同創作出一幅幅的作品。這個創作過程就跟他在陪伴太太面對癌症時一樣，充滿了未知和不確定性。

透過流動畫的創作，藍先生得以自然地釋放太太罹癌所帶來的擔憂、不安、不知所措、茫然和無助感，顫抖的手也因為創作練習穩定下來。孫子的帶領和創作的創造性特質，鼓勵著藍先生嘗試各種創作的可能性，幫助藍先生在不可控制的情境中（顏料的流動以及太太的病情）經驗到一種控制感，同時擴充藍先生與各種感受共處的能力。最後，創作過程凝結成為作品，將種種感受轉化為意料之外的成就感，為藍先生面對太太每次的癌症治療和檢查所帶來的失望或無能為力感，帶來一股支持和穩定的力量。

可參考的創作形式

創作對生活現況的呼應能為我們帶來療癒的力量，更棒的是，在創作中我們可以反覆地嘗試、練習和體會。例如：如果你想畫一朵花，畫不滿意就再畫另一張，直到滿意為止，在反覆嘗試的過程中，你對自己、創作技巧、創作內容也會有更豐富的感受和發現。

以面對不確定性和失控感為例，我們可以選擇以下兩種形式的創作：

- **安撫感受**：禪繞畫、和諧粉彩、著色畫……等等，運用重複動作和媒材特性來創作的方式，能提供我們一定的安心感和自我效能感。例如，黏土的柔軟性可承受我們的拍打、扭轉、擠壓、刮或挖而改變外型，帶給我們不管怎樣宣洩都可以被接納的感覺，同時也提供我們一定程度的掌控感。

- **貼近感受**：流動畫、酒精畫、浮水印畫……等等，都是帶有不確定性和一定程度失控感的創作形式，有助於我們在創作的過程中合理地宣洩情緒、釋放情緒壓力。畢竟，在創作時發出「啊～」、「哇～」或「哎唷」等驚歎聲，旁人或自己也不太會感到奇怪吧！

除了能安撫或貼近創作者的感受外，有時**創作也能提供創作者練習新行為，或擴充心理空間的機會**。例如：禪繞畫以及和諧粉彩明確的創作方式，在創作過程中給予我們依循的方向，固定尺寸的紙張或模版也提醒我們設限的觀念；流動畫、酒精畫和浮水印畫則允許我們透過反覆練習，逐漸擴大內心對未知或不確定性的包容度。

想一想

1. 你是否曾有面對親友死亡或瀕死的經驗，你還記得自己當時經歷過悲傷的哪些階段嗎？是什麼幫助你走過那些經歷？
2. 回想過往接觸到新事物或挑戰時，你曾用哪些方法幫助自己釋放情緒壓力？（這些方法的時效長短不拘，可以是五分鐘、三十分鐘、一小時、一天，或一週。）
3. 請挑選一個文中介紹的活動嘗試看看，留意在過程中，你感覺到些什麼？想到些什麼？你看到自己什麼？你覺得這個過程在告訴你什麼？

Chapter 10

突然的變化讓人不知怎麼反應？——從動作中找到情緒的出口

艾莉走出醫院，才發現剛才一時情緒上來，衝出阿媽的病房時沒帶到錢包。「幸好還有手機可以用行動支付，」艾莉想著，但一上公車，才發現鄉下的公車只能刷一卡通或投幣。艾莉站在司機旁，不確定該留在車上或是下車。最後艾莉不好意思再讓司機、乘客等她，決定下車步行到海邊去吹吹風。

艾莉走在鄉間的小路、田梗上，想起了這是小時候阿媽常帶著她走路上學的路，阿媽因為聽力不太好，所以都是用她粗大卻溫暖的手比手語來溝通。艾莉也想起念小學時，老師有時會帶他們來到田邊做自然觀察，她最喜歡老師要他們把眼睛閉起來，聽一聽有哪幾種聲音的活動，下課回到家時，也總是興奮地跟阿媽比手畫腳分享今天在田邊的經驗。

／

小時候，艾莉的爸媽就常吵架，她總是搞不懂爸媽既然那麼常吵架，有時甚至吵到亂砸東西，為什麼不乾脆離婚算了？艾莉也覺得家裡沒有人在乎自己，自己好像隱形人，一點也不重要。

後來艾莉的爸媽在她幼兒園大班時分開了，他們那時覺得她年紀太小，所以只告訴她：「爸爸要去台北工作，媽媽要去香港工作，有一陣子不會回來。」然後就將她托給阿媽與姑姑家照顧。艾莉終於不用再聽到爸媽的爭吵聲，這才從阿媽跟姑姑的照顧中，漸漸獲得穩定感和安全感。

艾莉上國中那一年，有天爸爸突然回來說想帶她上台北念書。「台北那邊資源比較多，而且一家人總要團聚。」那天晚上爸爸邊吃飯邊說。

姑姑邊用簡單的手語翻譯給阿媽看時，艾莉突然氣憤地回嘴：「你現在才想到我們是一家人嗎？你以為你是誰?!誰想跟你一家人啊?!」

姑姑一聽愣住了，不知該不該把這句話也比給阿媽看。阿媽看看愣住的姑姑，這時艾莉大動作地比著手語表達自己的憤怒，阿媽看懂了意思，卻突然動手用力打了她的肩膀，示意她別再講下去。姑姑試著緩頰，艾莉則是用力咬著嘴唇，不讓眼淚掉下來，接著便扔下手中的碗筷，轉身離開飯桌，將自己鎖進房裡。

艾莉不知阿媽怎麼想，但今天爸爸一提到回台北的話題時，阿媽卻對她揮揮手，意思是要她跟爸爸走。艾莉很氣阿媽，覺得阿媽就跟媽媽當年一樣不要她了。艾莉不懂為什麼媽媽當時說會回來看她卻沒有，也不懂阿媽現在為什麼沒有要她留下來。艾莉覺得自己並沒有做錯什麼，卻像是被懲罰了，當年被媽媽拋下，現在阿媽要她走，都一樣是懲罰。艾莉其實好想留下來陪阿媽跟姑姑，說什麼也不想離開這個玩伴很多，也已經習慣的地方。

離開那天，艾莉邊哭邊坐上爸爸的車，阿媽待在自己房間什麼也沒說，艾莉只看見姑姑站在門前，揮手目送他們的車子離去。

／

後來國中、高中一路到大學，艾莉都是參加手語社，因為她覺得這樣可以跟阿媽保有連結。而現在，艾莉一邊當會計，一邊也在一些社區或學校社團教手語。

有一天，艾莉接到姑姑的電話說阿媽生病了，問她要不要回去看看。艾莉也掛念著阿媽，心想週五就可以結束手上的案子回去看她了。前幾天艾莉還跟阿媽視訊，發現阿媽圓潤的臉消瘦了，連比手語的手指似乎也變細了……

／

好不容易撐到放假，艾莉早起趕搭第一班火車再轉公車回到鄉下。當艾莉進到醫院病房，看到阿媽昏迷插著管，先是愣了一下，接著難過的感受漸漸襲來。她不知該怎麼表達自己的感受，也覺得胸口有一股氣，腦子裡好多思緒，心裡好難受。跟姑姑大概問一下阿媽的情況後，艾莉只想先一個人靜一靜……

艾莉走到了海邊，想到阿媽的情況，再也忍不住大叫了幾聲。

艾莉不知自己怎麼有勇氣這樣做，但覺得這樣好紓壓，反正又沒有人看到，又忍不住大叫了幾次。過了一陣子後，她覺得自己平靜了一些，因為還是放心不下阿媽，最後還是決定慢慢走回醫院。由於阿媽仍需要住院觀察一陣子，艾莉即使擔心，也還是只能先回台北，等週末再回來。

／

晚上從醫院回到台北家後，艾莉洗完澡在幫自己擦護手霜時，想起小時候阿媽在睡前會幫她按按手跟腳，就像睡前的一個儀式，讓艾莉舒服安心地睡覺。這時艾莉也慢慢按摩自己的手，慢下來的動作感，讓她不知不覺好想哭。

艾莉想起小時候自己一開始模仿阿媽的手語時也常這樣慢慢的，也想起自己小時候做錯事，她會從阿媽快速用力地比著手語中，感受到阿媽生氣在罵她，但是阿媽氣消時，又會用手慢慢摸摸她的頭。這些回憶讓艾莉發現，原來，手語不只是一種語言，而是像呼吸那麼自然。阿媽溫暖的笑容、安慰她時摸摸頭的動作都是愛，都是支持。

艾莉想到，這週末去看阿媽時，也要幫她擦擦護手霜，好好按摩一下，就像小時候阿媽幫她按摩那樣。

面對突如其來的變化，愣住或呆掉都是滿常見的反應。身體是我們參與世界的媒介，也像是一個載體，負責接收外在的人事物，以及我們的主觀感受如情緒、認知等，也儲存語言和非語言資訊，像聲音、動作、手勢等等。在不知如何面對時，放慢速度，留意自己的身體動作、心情、想法，都是能幫助我們安頓下來的入口。

童年的傷對人的影響

父母／家庭是孩子的安全感來源（依附關係），父母如何引導、調節孩子的情緒，會影響孩子長大成人後，調節情緒、紓解壓力的能力。東方社會往往期待孩子聽話、不讓大人擔心，當孩子感受到大人這部分的期待，往往會更加壓抑、隱藏自己的情緒和需求。

因此，當大人能提供理解與包容，孩子便能夠順利消化這些感覺並有所成長，但如果沒有這個空間，孩子可能會變得易怒、具攻擊性，或是低落、恐懼、憂鬱。

故事中，艾莉自小所經歷的受傷與失落經驗，都被大人以「小孩子不懂」為由而遭到忽略，但沒有被理解和消化的感受會逐漸累積，當這些感受累積到頂點，她便以「嘲諷」、「酸言酸語」等方式發洩在她認為應該要為她的痛苦負責的人，也就是她的爸爸身上，以便讓他感受到她之前所受的痛苦，紓解面對變化時的無助、無力、悲傷等感受，同時合理化自己的行為。

即使成長經驗會影響一個人的情緒調節方式和能力、敘事的方式、想法或價值觀等，但長大後的我們仍能夠運用各種練習，在自己需要的時候好好照顧和支持自己。而固定、重複的儀式性行為，也能夠帶來正面效果，就像艾莉想起小時候跟阿嬤的睡前儀式，並透過按摩雙手，為自己帶來安慰，暫時化解內心的悲傷。1

踏出一步，即是調適心情的起點

「身體和心理會互相影響」、「當身體動起來，情緒也會開始流動」，是舞蹈治療的重要觀點。我們的情緒受到激發時，需要花力氣和時間回到平穩狀態，而透過身體活動也能直接釋放情緒的能量，讓壓抑與無法表達的情緒得以流動。2

故事裡，艾莉因為心情複雜想靜一靜，在散步去海邊的路途中，看到熟悉的風景、憶起懷念的往事，或是在海邊大叫後情緒獲得抒發，或是從醫院回到家後慢慢按摩自己的手，內心因而被觸動，都是身體動作引發心理變化的例子。

這是因為當我們開始活動身體，注意力也會自然而然地回到身體，幫助我們打開身體的覺知，進而連結起不同的經驗或記憶。此外，身體的活動會刺激大腦分泌多巴胺，讓我們獲得愉悅感。[3]留意觀察動作與姿勢、有意識地改變動作的力量強弱、說話的音速音調等，都有助於改善面對壓力時的反應和狀態。[4]

以下推薦幾個身體活動，可以幫助你在需要時探索不同身體感覺與內在情緒，探索面對困境的彈性與可能：

- **出門走走**：先以你平常習慣的步調行走，感受自己走路的速度、步伐的大小、腳底與地面接觸的感覺。之後可以試著加快、加大步伐，或是放慢、縮小步伐，並且留意步伐改變時，呼吸有什麼變化？自己有什麼感覺？心情又有什麼變化？
- **搖擺**：雙腳站穩，以接近呼吸、心跳的速度，或像照顧者安撫輕拍哭泣嬰兒那樣的節奏，將重心輪流放在其中一腳，輕輕地搖擺，找到穩定感。
- **把聲音發出來**：聲音也是身體表達的一個元素，當你感到疲累不想動，心裡又有沉重說不出的情緒時，也可以透過單純發出聲音來抒發。例如，找個不被打擾的地方，大聲說出一直想說的話，或是單純嘶吼一番，都是不錯的方式。可加上大幅度的動作，比如揮舞雙手，更能增進紓解感。

也可以嘗試做即興劇的「火星語」練習。練習火星語時，需避免使用自己已知或熟悉的語言，以便跳脫語言規則的限制，僅透過聲音、動作、表情來表達，幫助你更容易地接觸到不同層次的心情。你可以連續不間斷地發出各種語助詞或單音詞，比如：啊、啦、切、吧、咚、嗚等等聲音，也可以再搭配各種姿勢、肢體動作、表情變化。也可以找朋友一起玩，互相模仿、回應、猜猜這串話的意思。[5]

- **留意與專注於生活中做的各種動作**：比如洗頭髮、洗澡、刷牙時，試試看用不同速度來按摩頭、抹肥皂、移動牙刷等，做生活上原本已習慣的動作，增進對自我感受的覺察。
- **隨音樂舞動**：在不受打擾的個人空間中，播放自己喜歡的音樂，讓身體隨著音樂自然舞動，想怎麼動就怎麼動。如果你對這種練習感覺很陌生，也可以先從手指、手、雙腳等肢體開始打拍子，或在空間裡畫線。也可以試試不同調性的音樂、不同速度與節奏的歌曲，留意自己身體的各種動作，比如手如何在空間畫線？雙腳如何移動？以及後續產生的身心感受，像是身體哪邊緊緊的？或覺得煩躁的心情漸漸平靜了下來？6比如，跟著原住民音樂固定、重複的吟唱節奏擺動，可以增加你的身心穩定度。

想一想

1. 在隨音樂舞動的練習中加入變化，可以試著做跟音樂的質感相反的動作，比如播放慢節奏的音樂時快速舞動，或是在快節奏的音樂中任意暫停動作，探索看看自己的感受有任何變化？
2. 試著提高或降低說同一句話的音量，或是先用力踏步走，再像貓咪一樣輕輕地走路。用不同的方式做同一件事時，你有感受到身體有什麼不一樣的感覺嗎？你又比較喜歡其中哪一種感覺呢？

Chapter 11

如何陪伴身旁的親友度過失落歷程？——「心理韌性、環境支持的重要性」

某年夏天，葉子工作的醫院基金會主持了一個海邊小鎮的社區關懷計畫，舉辦諸如帶村裡的孩子運用海洋廢棄物進行藝術創作，邀請社區的長輩們一起聊天、做做運動、吃午餐，拜訪獨居長者，或是教阿公阿媽如何教養孫子等活動。海靜是村子裡負責幫基金會居中協調活動的人，葉子因而有機會常與她聯繫。

從都市回到村子的海靜，常在天色漸亮時慢慢地潛入水中，享受自己與海的對話，也常一個人靜靜坐在海邊。葉子經過時看到她，習慣跟她點點頭，不打擾她。不多話的海靜，在水裡就像是如魚得水。葉子常想，如果人魚會跳舞，應該就是這個樣子了。

有傳聞說海靜曾經有過一個孩子，但在某個夏天被海浪帶走；也有人說海靜在城裡有一個家庭。不管怎樣，海靜總是靜靜地，微笑、潛水、生活。

有次工作結束後，葉子和海靜一同到海邊看夕陽，她好奇地問起海靜喜歡在這裡還是城市裡生活？

「還不知道，但只要能夠靜靜地跟海在一起，與自己在一起，就好。」海靜望向遠方，平靜地說著。

那年夏天進入尾聲時，醫院第一階段的計畫也正好畫下句點，葉子便回到醫院工作了，但她偶爾還是會跟著巡迴車到村裡，一天工作結束時，葉子也常會跟海靜一起坐在海邊欣賞夕陽。

／

某天傍晚，村長廣播說有個孩子去玩水還沒有回家，要大家幫忙找找。大夥聚集到海邊，海靜也跟著一些人迅速地潛入水裡找那孩子。但這天海象不佳，直到日出，小孩依舊不見蹤影，大夥精疲力盡只能先回家休息。

那天後，某個下午海靜的姊姊知道葉子又跟著巡迴車來到社區，便去那裡找她。她擔心地跟葉子說，那天之後海靜變得更加沉默了，不只常關在房裡，也不去潛水了。葉子聞言便跟著海靜的姊姊來到兩人家中，她敲敲海靜的房門，幾次都沒有回應，就在門邊坐了下來。

忘了過多久，海靜終於開了門，葉子小心翼翼地踏進去，發現房間裡一片漆黑，原來海靜把整片窗簾拉上了。

「發生了什麼事？」葉子坐在海靜旁輕聲問道，黑暗中的海靜仍沉默不語。

葉子伸手想拉開窗簾，海靜馬上過來拉住窗簾，說她變得害怕日出，因為太陽一出來，不屬於陸上的事物都會消失，包含她跟孩子……。

葉子沒有聽懂，但看到海靜坐回椅子，沒有接下去說，她也沒有多問，只試著讓窗簾開個小縫，讓一絲光線透進來。這一刻，葉子不禁開始懷疑，海靜是否如同童話故事裡的人魚，將聲音拿去跟巫婆做交換了？

「你不能一直這樣啊！去年突然間跑回來，問你發生了什麼事卻不說，只說什麼你盡力了、付出代價了。我們每天跟你每一起生活，問你、關心你，你卻只說不要問、多問沒有用，你這樣我們也只能瞎猜啊！你到底還要這樣下去多久?!」海靜的姊姊問道。

海靜的姊姊不知何時進了房間，葉子感受到她的關心與挫折，但海靜依舊沒有回應。

「我不管你了，我要回去工作了。」姊姊留下午餐，跟葉子點頭示意後走出了房門。沒多久，葉子聽到她發動摩托車，引擎聲漸漸遠離。

葉子跟海靜坐在房裡，就像夏天時兩人坐在海邊看日落那樣安靜地陪伴彼此。一陣子後，葉子想起今天還有幾個案子需要家訪，跟海靜稍做說明後，起身準備離去。

「最近，我在陸地上好像忘了怎麼呼吸。」葉子踏出房門前，海靜才突然開口說道。

「我好像找不太到呼吸的感覺，會莫名地屏住呼吸……」海靜抬頭說。

「是不是你……」葉子話還沒說完，海靜就說她不想談，她只是想知道這個情況該怎麼處理。

葉子接收到海靜可能需要幫忙的訊號，但她現階段仍不想「談」。葉子也想起曾經在書裡看到人很早就學會暫停呼吸，來截斷不愉快的感覺。[1]

葉子想了一下，拿起一旁櫃子上的彈力帶遞給海靜，說：「我們來試試上次在社區活動帶長輩做的呼吸紓壓方式。」

海靜雙手握著彈力帶，吸氣時用力往兩旁拉，吐氣時慢慢將雙手放鬆，跟著彈力帶恢復原本的鬆弛狀態，慢慢重複個幾次後，她告訴葉子自己似乎有覺得好一些。葉子請她每天專心練習幾次，就趕回去工作了。

／

海靜的家人盡可能地讓她規律地參與社區的活動。海靜只要有空就會去幫忙排椅子，陪長輩們一起聊天、做伸展操、練習唱歌。她也會跟著工作人員一起送午餐給長輩，帶課輔班的孩子做功課、做點心等等。海靜不多話，但總是帶著微笑，長輩跟孩子們似乎都很喜歡她這樣的陪伴。

葉子幾次陪海靜做「雙手環抱自己跟著音樂舞動」的練習，有次選的是海靜喜歡的原住民歌手阿努的〈orip生活〉。她們就跟著這首歌的節奏輕輕搖擺，葉子發現海靜邊哼著曲調，邊默默掉淚。有時她們只是一起跟著呼吸的節奏伸展、動動身體，也請海靜描述看看身體當時的感覺。

忘了多久後的某天，葉子看到海靜拿著裝備，與學校老師帶著社區的青少年們走往海邊，正準備教孩子們潛水。葉子驚訝地看著海靜，海靜則微笑著說：「我準備好了。」

人魚回來了，帶著聲音。

心理韌性、復原力、挫折忍受力等名稱，本質上都是在描述人遇到困境、失落時，具備調節回身心平衡狀態的能力，並進一步發展出彈性因應的方法。**心理韌性會受到個人觀點，以及個人與外在社會環境的互動所影響，包含你如何看待失落、你所處的社會環境給予何種回應、你所能運用的資源與獲得的支持。**

復原與個人的關係

近年來，心理復原工作開始注重「當事人對自身身心感受的覺察」，而非強烈的情緒宣洩，[2]因為此種方式可能會讓人覺得被情緒淹沒或控制，而透過非語言的方式練習覺察身心感受，反而更容易讓人獲得掌控感，並且更有效地調節情緒和身心狀態。

就像前面的章節曾提到，每天給自己一點時間，關心自己今天覺得如何、留意自己的各種感受，或試著說出身體的感受（如：覺得刺刺的、重重的），都是很好的開始。上述方法都能幫助你從身體建立起安全感，讓內心恐懼、焦慮等情緒，有機會被發現、被照顧，進而緩和下來、受到排解。

然而，也請留意，碰到情緒來得太快、太強烈的狀況時，有時單純做觀察或正念冥想，反而可能會讓你陷入情緒或念頭的漩渦中，讓你的身體、神經系統卡在創傷反應的固著迴路中。此時你需要暫停觀察或冥想，試著轉移注意力，不急著處理或談論創傷事件。

在這種情況下，建議你運用前面篇章介紹的各種方式，例如向信任的朋友尋求支持、做溫和的伸展操、聆聽喜歡的音樂，都會是更好的作法。這些練習可以持續、輪流進行，在這個過程當中，你會愈來愈懂得如何掌控自己的身心反應，並且漸漸培養出心理韌性和彈性。

最後，請記得，當情緒的強度大到你難以承受，或反覆出現、影響到人際互動與現實生活時，務必尋求心理專業人士協助。

復原與環境的關係

在復原的過程中，我們常會因為情緒來回擺盪而感到挫折，這時需要有讓人感到安全的「環境」，我們才有可能好好地感受內心的無力與無助，進而梳理思緒，從中摸索出擺脫失落的方法。我們可以透過在房裡或其他生活空間放些喜愛的植物、布偶、抱枕，或香味這類方式，打造能夠幫助我們靜心療傷的環境。

除此之外，大自然也是絕佳的復原環境。生態心理學（ecopsychology）提到，人是大自然的一部分，每個人心裡都有一個「生態我／自然我」（ecological self），當我們接觸大自然，透過皮膚感受到微風、冰涼的溪水、溫暖的陽光等，就能連結到內在的生態我，獲得與萬物的連結，撫慰失落帶來的孤單。就像故事裡，海靜透過潛水感受水流、在海邊看海或夕陽與大自然有所連結，獲得內心的平靜。

而除了像生活空間、大自然這樣的物理環境外，經歷失落事件者周遭的人也是安全環境相當重要的一環。如果你想幫助身旁的親友，請記得避免勉強當事人「趕快好起來」，或是用「不要想了就沒事」、「跟……比，那又沒什麼」等說法來否認他們的感受。**當我們能夠嘗試給予當事人空間，理解他們面對失落事件時的感受，也等於是在協助他們打造一個良好的復原環境**。就像故事中的葉子不去逼問海靜原因，而是單純地陪著她做些呼吸與身體練習，都有助於海靜跳脫原先的狀態，並逐步邁向復原之路。

生命中的失落或困難有時不免會封閉了人的內心，但我們並不會因此失去生命力，只是需要時間與空間，慢慢從各種方式、規律生活中，將這些失落和困難整合、轉化為生命的養分。你也可能會發現，當人在碰觸到自己的底限時，反而有機會開發自己的其他可能，進一步增加心理韌性。

規律生活的重要

大自然裡的所有生命都有自己的韻律、節奏，人當然也不例外。我們會透過心跳、呼吸等生理節奏與環境互動，比如：當我們感受到環境是穩定、安全的，呼吸和心跳都會減緩，獲得放鬆與休息；相反的，當我們感受到環境有立即需要做出反應的事情時，呼吸和心跳會變得急促，身體也會跟著變緊繃。

我們在遭遇失落事件時，身體的這些節奏也會被打亂，出現諸如呼吸困難、吃不下、睡不著等狀況。此時，規律的生活步調、身體練習等，能讓人重新穩定下來，找回原有的生命節奏。就像故事裡，海靜規律地參與社區活動，以及呼吸或伸展練習，重新掌握身體的感覺，再度投入人群之中。

那麼，當你身為陪伴者時，是否也曾有過一些擔憂或困擾呢？比如，我們在參與學校的個案會議時，常會碰到老師們著急詢問：「我們不是心理專業，不確定這樣做對孩子好不好？」、「我們還可以多做些什麼？」

這時，我們都會先跟老師們聊聊，瞭解個案學生在班上的學習與人際互動情況，以及他們對學生的觀察。我們除了再多分享一些調節身心的方式、可用的媒材外，也會建議老師不一定非得跟孩子談論創傷事件，或要他們說出內心的感受，而是簡單跟孩子聊聊生活，像是他們覺得今天的營養午餐哪一道菜好吃、喜歡哪一節課、跟同學玩什麼，或是帶孩子跟同學一起完成一項任務。這些生活中的小事都能幫助孩子與生活有所連結。

最後，請記得，所有的改變都需要時間，而且「生活本身就是一種有意義的治療」[3]。經歷重大失落的人很需要安排規律的作息，確保自己有均衡的飲食、充足的睡眠、去曬曬太陽，或是與人聊天、跟同伴一同學習、一同聽故事、一起做些什麼，這些日常生活會一點一滴流進心裡，陪伴你走過創傷的復原過程。

想一想

1. 想看看，當你覺得有需要時，周圍的哪些人可以給你支持？有需要時可以去找誰？去哪裡找？
2. 當規律的生活被打斷時，你都做些什麼重新找回規律，或透過什麼方式穩住自己呢？
3. 回想曾經有過的暖心時刻。是什麼人給了你溫暖？對方說了什麼，或做了什麼呢？
4. 追蹤你的復原計畫成果。比如從每週一次開始，回頭看看練習過的方式或活動，哪一種較適合自己？哪一種需要調整？也試著遵守跟自己的約定，比如定好每天晚上十一點關手機，給自己一些靜心的時光，然後盡量做到。

結語 願你找到不想談時，可以支持自己的方法

在本書畫上句點之前，我們還有一些話想與你分享。

人生充滿各種變化，唯一不變的是變。這過程當中有各種獲得與失去，你可能常常感到孤單，或覺得沒有人懂、沒人想聽，也不知如何說，或怕說了會有更不好的後果而不想談。

我們並不是要大家都不要講，或是就放著沒關係，而是不管我們因為什麼原因不想談，都不應該妨礙我們想要抒發、被瞭解、被接納，或變更好的需求和渴望。

生命本身也是一個持續學習和調整的過程。我們三位作者一路以來也各自從

藝術創作、舞蹈、身體工作……等媒材的探索和工作經驗中，打開了更多樣的視野和觀點。我們誠心希望，書裡分享的各種方式，可以陪伴你度過那些你「不想談」的時刻，提供你多一些選擇，幫助你將書中的練習和提醒化為支持自己的力量，以及「準備談」、「說出來」，或用其他更多元的方式表達出來的可能。

當未來有機會回頭看時，或許你會發現，每個失去，也都是獲得。

謝辭

謝謝商周出版總編靖卉和編輯珮芳的支持和合作，給予我們很大的空間，讓我們試著將許多非語言的工作經驗和方式化成實際文字，跟大家分享。

謝謝一同工作、交流過的機構工作人員、課程／工作坊成員、家長與孩子、大學生與研究生，很榮幸能與你們一起學習、討論，謝謝你們帶給我們工作實務上諸多成長。

附錄　療癒歌單

以下提供的曲目，或許可以陪伴你度過那些令人難受失落的時刻。你在欣賞過以下歌曲後，或許也可以獲得製作自己專屬歌單的靈感。

***感到情緒低落，想好好陪伴自己時：**

1.〈It's ok〉——Nightbirde
2.〈Fix you〉——Coldplay
3.〈就算我放棄了世界〉——鄭宜農
4.〈彼個所在 Heaven〉——魏如萱
5.〈路過人間〉——郁可唯
6.〈也許像星星〉——929

7.〈面對明日的勇氣〉——黃玠瑋
8.〈下雨的晚上〉——黃玠
9.〈無慣例的早晨〉——洪佩瑜
10.〈巴哈〉——無伴奏大提琴組曲
11.〈還活著〉——陳小霞
12.〈在這座城市遺失了你〉——告五人
13.〈一人一半〉——旺福
14.〈乾杯〉——五月天
15.〈流浪記〉——紀曉君
16.〈以後別做朋友〉——周興哲
17.〈那些年〉——胡夏
18.〈有一種悲傷〉——A Lin
19.〈雪落下的聲音〉——李千娜

20.〈不曾回來過〉——李千娜

21.〈好朋友應該做的芭樂事〉——旺福

22.〈Bluebirds〉——蔡健雅

23.〈Quand je pense à toi〉——Claudia Laurie

***想獲得一些支持、溫暖時：**

1.〈Afterglow〉——Ed Sheeran

2.〈同款〉——洪佩瑜

3.〈勇敢一點〉——旺福

4.〈寫一條歌，寫你我爾爾〉——蕭煌奇、茄子蛋

5.〈逆風飛翔〉——蕭煌奇

6.〈等待雨散〉——旺福

7.〈星空〉——五月天

8.〈月光〉——王宏恩
9.〈P. S. 我愛你〉——A Lin
10.〈聽見下雨的聲音〉——魏如昀
11.〈披星戴月的想你〉——告五人
12.〈Read all about it〉——Emeli Sandé
13.〈Magical〉——Ed Sheeran
14.〈無常家〉——岑寧兒
15.〈我們不是永遠都那麼勇敢〉——萬芳
16.〈當我們一起走過〉——蘇打綠
17.〈那些小事情〉——蔡健雅
18.〈我的愛人〉——柏霖
19.〈被愛灌溉長大的人〉——好樂團

＊想獲得一些活力、轉移注意力時：

1.〈水田〉——吳志寧
2.〈誰來晚餐〉——舒米恩
3.〈動一動〉——旺福
4.〈Happy〉——Mocca（印尼樂團）
5.〈Love on Top〉——Beyoncé
6.〈保庇〉——王彩樺
7.〈不要放棄〉——舒米恩
8.〈心花開〉——李千娜
9.〈無事坐巴士〉——農村武裝青年
10.〈Rainbow〉——Colbie Caillat
11.〈Unique〉——Lenka
12.〈一起踢球吧！〉——黃建為

13.〈朝がまた来る〉——Dreams Come True

14.〈肝功能衰竭〉——旺福

15.〈丸奇活動中心〉——謝銘祐

***想要吶喊一番、補充一些能量時：**

1.〈自信勇敢咱的名〉——滅火器

2.〈眾神護台灣〉——董事長樂團

3.〈It's my life〉——Bon jovi

4.〈風光少年兄〉——阿跨面

5.〈暗流〉——拍謝少年

6.〈Viva La Vida〉——Coldplay

7.〈Choose your fighter〉——Ava Max

8.〈先生〉——旺福

9.〈乾杯〉——五月天

10.〈我要你愛〉——美秀集團

11.〈爛泥〉——草東沒有派對

註釋

作者序　陪你一同走過失落

1 出自佛洛伊德。

2 本書提到的個案情緒問題或狀況，都已修改身分識別資訊，以保護個人隱私。

前言　「說」之外的選擇

1 *Grief Counseling & Grief Therapy: A Handbook for the Mental Health Practitioner*. Worden, J. W. (2018). New York: Springer, P.20-31.

2 Neimeyer, R. A.著，章薇卿譯（2007）。《走在失落的幽谷：悲傷因應指導手冊》。台北：心理。

3 Luthar, S. S. (2006). Resilience in Development: A Synthesis of Research across Five Decades. In D. Cicchetti, & D. J., Cohen (Eds.), *Developmental Psychopathology*, Vol 3: *Risk, Disorder, and Adaptation* 2nd ed. (pp. 739-795). Hoboken, NJ: John Wiley & Sons.

Chapter 1 反覆地憂鬱，是因為我很糟嗎？——「情緒擺盪是復原過程的常態」

1 The Dual Process Model of Coping with Bereavement: Rationale and Description. *Death Studies*. 23 (3), Stroebe M. & Schut, H. (1999), p.97-224. doi:10.1080/074811899201046. hdl:1874/384090.

假裝沒事、不去想就好了？——「壓抑的情緒由身體發聲」

1 蘇鈺茹著（2023）。《成為孩子的安全基地》，頁142-143。台北：商周出版。

2 貝賽爾・范德寇著，劉思潔譯（2017）。《心靈的傷，身體會記住》，頁293-295。台北：大家出版。

3《成為孩子的安全基地》，頁163-164。

4 拉斯・林哈德，鄔拉・史密特－費策，艾瑞・柯布著，呂以榮、游絨絨譯（2021）。《神經元修復保健全書》，頁218。台北：商周出版。

5 瓊・萊恩著，駱香潔譯（2021）。《無形資產：將人人變成神隊友的團隊默契科學》，頁20-22。台北：行路。《成為孩子的安全基地》，頁40-41。

6 黛比・黛娜著，陳中偉譯（2022）。《療癒創傷，我如何是我》，頁107-109。台北：世茂。

7《療癒創傷，我如何是我》，頁187-188。

Chapter 4 我該犧牲自己，滿足家人的願望？——「自我照顧的重要」

1 周慕姿（2017）。《情緒勒索：那些在伴侶、親子、職場間，最讓人窒息的相處》，頁31。台北：寶瓶文化。

Chapter 6 為什麼世界這麼不友善？我不想待在這個地方——「如何安頓自己、接納現況」

1 蘇彥睿（2012）。〈正向情緒擴建理論取向之動物輔助治療對老人幸福感之影響〉（未出版之碩士論文）。東吳大學。

李鈺蓁（2021）。〈動物輔助治療對慢性精神病人孤寂感、自尊及人際互動成效之探討療癒創傷，我如何是我〉（未出版之碩士論文）。輔英科技大學。

Barker S.B., Knisely J.S., Schubert C.M., Green J.D., Ameringer S. The Effect of an Animal-Assisted Intervention on Anxiety and Pain in Hospitalized Children. *Anthrozoös*. 2015; 28(March 1 (1)):101-112.

Chapter 8

我是不是做錯了什麼？——「藉由自由書寫整理無法歸因的情緒」

1 蒂芬妮．史密斯著，林金源譯（2016）。《情緒之書：156種情緒考古學，探索人類情感的本質、歷史、演化與表現方式》。台北：木馬文化。

2 露西．霍恩著，吳煒聲譯（2023）。《悲傷復原力》，頁274-284。台北：采實文化。

3 肯尼斯．J．多卡著，林麗冠譯（2023）。《繼續前行，悲傷就不會是盡頭：面對失去，願意走進悲傷，就能走出傷痛》，頁38-40。台北：時報出版。

4《悲傷復原力》，頁142-143。

5《悲傷復原力》，頁148-150、224-230。

Chapter 9

能做的都做了，我還能怎麼辦？——「在創作中經驗、表達和實驗」

1 伊莉莎白・庫柏勒—羅斯著，蔡孟璇譯（2023）。《論死亡與臨終》，頁57-176。台北：遠流出版。

Chapter 10

突然的變化讓人不知怎麼反應？——「從動作中找到情緒的出口」

1 《悲傷復原力》，頁308-311。

2 丹尼爾・席格、蒂娜・布萊森著，周玥、李碩譯（2016）。《教孩子跟情緒當朋友：不是孩子不乖，而是他的左右腦處於分裂狀態！（0~12歲的全腦情緒教養法）》，頁73。台北：地平線文化。

3 安德斯・韓森著，張雪瑩譯（2020）《真正的快樂處方：瑞典國民書！腦科學實證的健康生活提案》，頁101-103。台北：究竟。

4《療癒創傷，我如何是我》，頁184-187。

5更多火星語介紹與練習，可參考：王家齊，陳譽仁著（2023）。《教學即興力：應用「即興劇」破解教學難題、活絡課堂氛圍、強化學習成效》，頁260-264。台北：商周出版。

6 Veronica Sherborne, *Development Movement for Children*, Worth Publishing, p57-59.

Chapter 11 如何陪伴身旁的親友度過失落歷程？——「心理韌性、環境支持的重要性」

1威廉．斯帝爾，凱茜．馬爾基奧迪著，謝政廷、許智傑譯（2020）。《兒童與青少年創傷知情實務工作》，頁98。台北：洪葉文化。

2《心靈的傷，身體會記住》，頁220-222。

3 唐諾・溫尼考特著，朱恩伶譯（2009）。《遊戲與現實》，頁147。台北：心靈工坊。

遊藝・療心 07
不想談也沒關係：心理師帶你以非語言方式，
為封閉的心靈打開些許空間，擺脫失落，獲得療癒

作者—— 蘇鈺茹、蔡詩詩、陳祺杰
企劃選書—— 黃靖卉、羅珮芳
責任編輯—— 羅珮芳
版權—— 吳亭儀、江欣瑜
行銷業務—— 周佑潔、林詩富、賴玉嵐、賴正祐
總編輯—— 黃靖卉
總經理—— 彭之琬
第一事業群總經理—— 黃淑貞

發行人—— 何飛鵬
法律顧問—— 元禾法律事務所　王子文律師
出版—— 商周出版
115 台北市南港區昆陽街 16 號 4 樓
電話：(02) 25007008・傳真：(02)25007759
發行—— 英屬蓋曼群島商家庭傳媒股份有限公司城邦分公司
115 台北市南港區昆陽街 16 號 5 樓
書虫客服服務專線：02-25007718；25007719
服務時間：週一至週五上午 09:30-12:00；下午 13:30-17:00
24 小時傳真專線：02-25001990；25001991
劃撥帳號：19863813；戶名：書虫股份有限公司
讀者服務信箱：service@readingclub.com.tw
城邦讀書花園：www.cite.com.tw
香港發行所—— 城邦（香港）出版集團有限公司
香港九龍土瓜灣土瓜灣道 86 號順聯工業大廈 6 樓 A 室
電話：(852) 25086231・傳真：(852) 25789337
E-mail：hkcite@biznetvigator.com
馬新發行所—— 城邦（馬新）出版集團【Cite (M) Sdn Bhd】
41, Jalan Radin Anum, Bandar Baru Sri Petaling,
57000 Kuala Lumpur, Malaysia.
電話：(603) 90563833・傳真：(603) 90576622
Email：services@cite.my

封面設計—— 丸同連合
內頁排版—— 陳健美
印刷—— 韋懋實業有限公司
經銷—— 聯合發行股份有限公司
電話：(02)2917-8022・傳真：(02)2911-0053
地址：新北市 231 新店區寶橋路 235 巷 6 弄 6 號 2 樓

■ 2024 年 4 月 9 日初版
定價 350 元
ISBN 978-626-390-062-2

國家圖書館出版品預行編目 (CIP) 資料

不想談也沒關係：心理師帶你以非語言方式，為封閉的心靈打開些許空間，擺脫失落，獲得療癒／蘇鈺茹，蔡詩詩，陳祺杰著 -- 初版 -- 臺北市：商周出版：英屬蓋曼群島商家庭傳媒股份有限公司城邦分公司發行，2024.04
面；　公分，--（遊藝・療心；7）
ISBN 978-626-390-062-2（平裝）

1.CST：心理治療 2.CST：心理諮商

178.8　　113002192

廣　告　回　函
北區郵政管理登記證
北臺字第000791號
郵資已付，免貼郵票

105　台北市南港區昆陽街16號5樓

英屬蓋曼群島商家庭傳媒股份有限公司城邦分公司　收

請沿虛線對摺，謝謝！

書號：BUF007　書名：不想談也沒關係　編號：

請於此處用膠水黏貼

商周出版

讀者回函卡

線上版讀者回函卡

感謝您購買我們出版的書籍！請費心填寫此回函卡，我們將不定期寄上城邦集團最新的出版訊息。

姓名：______________________ 性別：□男 □女

生日：西元__________年__________月__________日

地址：______________________

聯絡電話：______________ 傳真：______________

E-mail ：

學歷：□ 1. 小學 □ 2. 國中 □ 3. 高中 □ 4. 大學 □ 5. 研究所以上

職業：□ 1. 學生 □ 2. 軍公教 □ 3. 服務 □ 4. 金融 □ 5. 製造 □ 6. 資訊
□ 7. 傳播 □ 8. 自由業 □ 9. 農漁牧 □ 10. 家管 □ 11. 退休
□ 12. 其他______________________

您從何種方式得知本書消息？

□ 1. 書店 □ 2. 網路 □ 3. 報紙 □ 4. 雜誌 □ 5. 廣播 □ 6. 電視
□ 7. 親友推薦 □ 8. 其他______________________

您通常以何種方式購書？

□ 1. 書店 □ 2. 網路 □ 3. 傳真訂購 □ 4. 郵局劃撥 □ 5. 其他__________

您喜歡閱讀那些類別的書籍？

□ 1. 財經商業 □ 2. 自然科學 □ 3. 歷史 □ 4. 法律 □ 5. 文學
□ 6. 休閒旅遊 □ 7. 小說 □ 8. 人物傳記 □ 9. 生活、勵志 □ 10. 其他

對我們的建議：______________________

請於此處用膠水黏貼